宜春市富硒农业发展的机遇与挑战

何 宁 等著

科学技术文献出版社
SCIENTIFIC AND TECHNICAL DOCUMENTATION PRESS
·北京·

图书在版编目（CIP）数据

宜春市富硒农业发展的机遇与挑战 / 何宁等著. —北京：科学技术文献出版社，2022.12

ISBN 978-7-5235-0012-5

Ⅰ.①宜… Ⅱ.①何… Ⅲ.①硒—作物—农业发展—研究—宜春 Ⅳ.①F327.563

中国国家版本馆 CIP 数据核字（2023）第 023842 号

宜春市富硒农业发展的机遇与挑战

策划编辑：周国臻　　责任编辑：王　培　　责任校对：王瑞瑞　　责任出版：张志平	

出　版　者　科学技术文献出版社
地　　　址　北京市复兴路15号　邮编　100038
编　务　部　（010）58882938，58882087（传真）
发　行　部　（010）58882870，58882868
邮　购　部　（010）58882873
官　方　网　址　www.stdp.com.cn
发　行　者　科学技术文献出版社发行　全国各地新华书店经销
印　刷　者　北京地大彩印有限公司
版　　　次　2022 年 12 月第 1 版　2022 年 12 月第 1 次印刷
开　　　本　710×1000　1/16
字　　　数　141千
印　　　张　11.5
书　　　号　ISBN 978-7-5235-0012-5
定　　　价　60.00元

《宜春市富硒农业发展的机遇与挑战》
撰写人员

何　宁　袁剑文　易勇波　赵志刚　刘　瑛　黄　芳

林连男　丁永电　王小华　陈欠林　王　方　陈凯荣

杨发云　廖　莎　谢　敏　高素丽

前　言

　　硒作为生态环境中一种重要的微量元素，具有抗氧化、抗衰老、抗辐射、抗癌防癌和解毒等作用，被世界卫生组织和中华医学会认定为 21 世纪继碘、锌后必补的第三大微量营养保健元素。缺硒会降低人的免疫功能，从而引发 40 多种疾病。因此，硒被科学家誉为"生命的神奇元素""主宰生命的元素""心脏保护神""护肝因子""人类抗癌之王"。

　　世界上有 40 多个国家和地区缺硒，我国有 72% 的地方缺硒，所以补硒工作已受到世界各国的广泛关注。我国江西省大部分地区具有丰富的硒资源环境，宜春市更是具有世界知名的硒温泉及富硒土壤资源。习近平总书记在江西考察时特别强调要打好富硒品牌，让富硒农产品在市场上更畅销。硒农业科技创新研究、硒农业产业建设、硒品牌产品培育、硒产品营销推广等各类措施的实施，将会进一步推动宜春市硒农业品牌的提升，扩大其在国内外的知名度和影响力。

　　为了进一步推动宜春市富硒农业的发展，助力乡村振兴，作者以江西省高等学校硒农业工程技术研究中心为依托，搜集了宜春市关于富硒产业的发展资料，分析了当前国内外硒农业发展的现状，对宜春市富硒农业的发展机遇与挑战进行了总结，同时汇集了相关优秀农业企业的主要富硒产品及典型经验，以期为各地有关部门和相关富硒农业企业提供参考，旨在扩大交流合作，促进国内富硒农业持续健康发展。

　　因时间仓促、水平有限，书中疏漏之处在所难免，敬请读者指正与谅解。

何　宁

2022 年 12 月

目　录

第一章　硒资源概述

　　硒（Se）是一种化学元素，在化学元素周期表中位于第四周期ⅥA族，作为一种非金属元素，可以在工业中用作光敏材料、电池格栅及电解锰行业催化剂等。硒元素的发现距今已有200多年的历史，最初硒健康领域专家认为硒是对人体有毒有害的元素。随着科学界对硒研究的不断深入，才将硒元素确定为人体与动物体必需的及对植物有益的营养元素。然而，由于人体自身不能合成，硒元素只能从食物中获得，因此越来越多的国家和地区已经制定了补硒的方案和措施。

1.1　硒元素概述

1.1.1　硒元素的研究史

（1）硒的发现（1817年）

　　1817年，瑞典化学家贝采利乌斯（Berzelius，1779—1848年，图1-1）在自家经营的硫酸工厂铅室底部，发现了一种奇怪的红色粉状物质，除去其中已知的硫黄成分后，用吹管加热，会有一种蔬菜腐烂的味道。最初他将这种物质误认为是碲（Tellurium，取义于Tellus，罗马神话中的大地女神），但经过更深入的分析后，确定这是一种与碲元素性质非常类似的新元素——硒［贝采利乌斯用希腊神话中的月亮女神（Selene）将其命名为Selenium］。

图 1-1　瑞典化学家
贝采利乌斯

（2）沉寂的140年（1817—1957年）

　　从1817年被发现，到之后的140年里，硒一直被当作一种有毒元素。

1856 年，美国军医 Madison 随骑兵部队到南达科他州密苏里河岸边的 Randall 要塞驻防。几天后发现，该部队的军马同时患上了一种脱毛、掉蹄子的疾病，他用尽各种办法治疗都无法控制。该病一直延续了好几个月，造成了许多军马的死亡，后续有研究者推测该疾病可能与硒中毒有关。

直到 1957 年，美籍德国生物化学家施瓦茨（K. Schwarz）及弗尔茨（M. Foltz）从酿酒酵母中分离出一种生物活性因子 3，并鉴定出硒是该活性因子 3 的成分，发现其可预防大鼠因缺乏维生素 E 引起的肝坏死。这个活性因子 3 就是硒酸酯多糖，即硒卡拉胶。随后《美国化学会杂志》上有论文指出，硒是生命的必需微量元素。这一发现是人类在认识硒元素生物学功能上的首次重大飞跃，成为近代微量元素研究的重大突破，也拉开了硒与人体健康研究的序幕。

（3）被确认为人体必需的微量元素（1966—1975 年）

1966 年，Shamberger 和 Frost 博士通过试验发现，硒对人类具有保护作用，可减少患癌风险，美国部分土壤中硒含量很高，使得食物中硒含量处于较高水平。

1972 年，John Rotruck 博士等人在第 56 届 FASEB 年会上提出硒是谷胱甘肽过氧化物酶分子的重要组成部分（每一个酶分子中含有 4 个硒原子），该酶与免疫、衰老、抗氧化、抗癌密切相关，从而在分子机制上确立了硒是人体必需的微量元素。

1973 年，世界卫生组织（WHO）宣布硒是人和动物维持自身正常生命活动所必需的微量元素。

1974 年，美国食品药品监督管理局（Food and Drug Administration，FDA）向美国公众宣布：硒是抑癌剂，建议每天补充 200 μg 硒元素。

1975 年，Awasthi 的研究结果表明，硒作为人体必需的微量元素，是人体红细胞内谷胱甘肽过氧化物酶（GPx）活性中心不可或缺的组成元素。

（4）克山病之谜（1965—1984 年）

1935 年，在黑龙江克山县出现了一种以其地名命名的疾病——克山病，主要症状为急性和慢性心功能不全、心脏扩大、心律失常及脑、肺和肾等脏器的栓塞。受当时科技水平和经济条件限制，问题一直未得到解决。

1965 年，西安医学院的研究组通过给陕西病区的患者服用亚硒酸钠和维生素 E 片，发现其对克山病有预防效果。

1969—1972 年，中国预防医学科学院的克山病防治小分队在黑龙江单独使用亚硒酸钠治疗克山病，效果显著。此后，他们进一步分析发现，克山病病区普遍缺硒，居民每日硒摄入量平均在 17 μg 以下，头发中硒含量低于 0.12 μg/kg，血液中硒含量低于 20 μg/L。正是这一发现，明确了硒与克山病的关系，解决了困扰病区居民近 40 年的难题。

1984 年，在北京召开的第三届国际"硒在生物学和医学中的应用"专题讨论会上，中国预防医学科学院杨光圻教授宣布，补硒可以有效控制我国低硒地区的克山病，这一成果被国际生物无机化学家协会授予"施瓦茨"奖。

（5）硒与肝脏（1987—1993 年）

1987 年，江苏省启东市病毒性肝炎暴发流行，但吃硒盐区域居民肝炎发病率明显较对照组低，其向世界揭示了硒与肝炎、癌症的关系，开创了硒研究的全新领域。

1993 年，中国预防医学科学院于树玉教授发表论文，公布了江苏省启东市肝癌高发人群吃硒盐预防原发性肝癌的前瞻研究。通过 6 年观察，吃硒盐的居民血硒值明显升高，肝癌发病率从 1984 年的 52.84/10 万降为 1990 年的 34.49/10 万，降幅近 35%，而对照组居民肝癌发病率仍维持较高水平，说明补硒可以预防肝癌。

（6）硒的摄入量（1982—1990 年）

1982—1990 年，中国预防医学科学院杨光圻教授等在低硒的克山病地区和高硒的湖北恩施地区进行了长达 8 年的硒需要量和安全量的研究工作。研究结果如下：硒的生理需要量为 40 μg/d，硒的界限中毒量为 800 μg/d，由此推荐膳食硒供给量为每日 50~250 μg，最高硒安全摄入量为每日 400 μg。

1988 年，中国营养学会通过对我国 13 个省市居民大面积的营养水平调查，发现成人每日硒的摄入量仅为 26.63~32.40 μg，提出了中国居民膳食硒摄入量推荐标准，目前最新标准的适宜区间为 60~400 μg。

（7）硒与病毒（1994—2003年）

1994年，美国著名病毒学家威廉·泰勒提出"病毒硒蛋白"理论：一些由病毒（艾滋病病毒、感冒病毒、埃博拉病毒、肝炎病毒）引发疾病的患者体内存在硒缺乏的情况，补硒有利于抑制病毒的复制，其原因不仅是通过提高机体免疫力能起到保护作用，更重要的是硒可以直接作用于病毒。

2003年，中国疾病预防控制中心陈君石研究员宣布，经过其多年研究发现，在各种具有免疫调节功能的营养素中，硒是唯一可以直接抗病毒的营养素。在抗击非典的斗争中，硒发挥了重要作用。

（8）硒与重金属（1999—2000年）

1999年12月10日至2000年4月7日，中国组织了第16次南极科学考察，在后续的研究过程中，科学家发现南极的企鹅和海豹体内有严重过量的汞元素的富集（随大气洋流沉降在两极），但企鹅和海豹却非常健康。后来经过深入的检测分析发现，企鹅和海豹以富含硒的磷虾等海产品为食，硒通过一种硒蛋白对汞起到了拮抗作用，即汞虽然还在企鹅和海豹体内，但是已经不产生生物毒性。这个发现印证了硒元素对重金属有"排毒解毒"作用的结论。

（9）将硒的防癌抗癌作用写入教科书（2006年）

2006年，人教版初中化学课本中写道：硒对人体有防癌抗癌作用，缺硒可能引起表皮角质化和癌症。2010年5月18日，央视《科技博览》栏目报道了江西省宜春市温汤镇有一个著名的无癌长寿村，那里的百岁老人很多，并且身强体壮。节目揭示了当地的长寿现象与环境中硒含量丰富紧密相关。

（10）中国全民补硒工程启动大会在广州举行（2011年）

2011年5月25日，中国全民补硒工程启动大会在广州举行。国务院国资委、广东省人大、广东省政协、广东省军区、广东省卫生厅、广东省商会等负责人出席了大会，领导小组成员还包括著名呼吸病学专家钟南山院士，到会的专家、企业家、新闻媒体代表共1400余人，这是一次意义非凡的促进全民科学补硒的重大科普活动。会议上，中国补硒协会会长张土力详细介绍了目前我国贫硒的现状，以及微量元素硒与人体健康的关系。

（11）美国 FDA 规定婴儿配方奶粉必须添加硒（2015 年）

美国 FDA 于 2015 年 6 月通过的一项最终规则正式生效，规定婴儿配方奶粉须标明每 100 kcal 的硒含量。同时，要求婴儿配方奶粉的最低及最高硒含量分别为 2.0 mg/100 kcal 和 7.0 mg/100 kcal。

（12）中国制定首个硒蛋白标准（2018 年）

2018 年，中国制定首个硒蛋白标准《食品安全国家标准　食品营养强化剂　硒蛋白》。该标准适用于以动植物、真菌为原料，经提取、精制而成，富含有机硒的蛋白质，其中有机硒中的硒是以硒代半胱氨酸、硒代蛋氨酸的形式存在。

1.1.2　硒对人体的有益作用

目前，学者已对硒的代谢、硒蛋白的生物合成、硒与人体健康及硒的毒性进行了深入研究，得出其主要功效有：抗氧化、延缓衰老；增强免疫力；保证精子活力；预防癌症；参与激素代谢；防治克山病、大骨节病；预防血管疾病，如动脉粥样硬化；抗病毒；拮抗重金属离子的毒性等（图 1-2）。

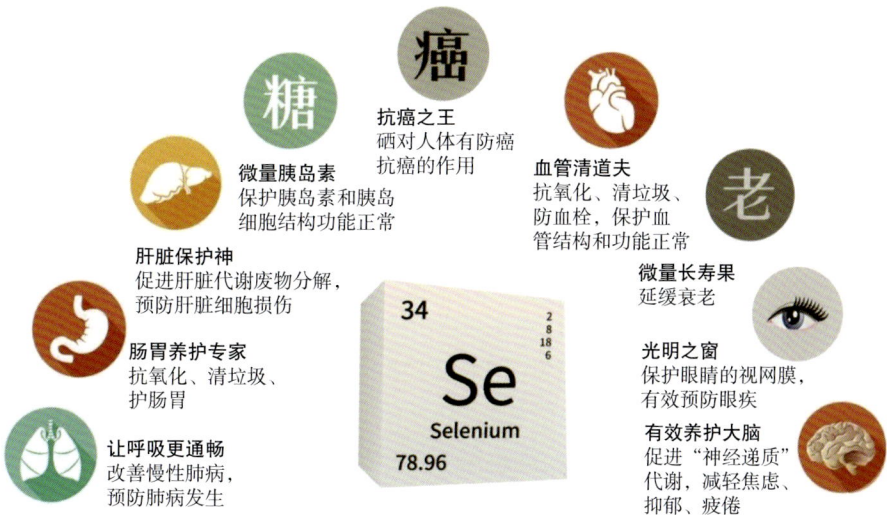

图 1-2　硒元素对人体的功效

人体补硒的来源主要有 2 个方面：一方面从天然的含硒食物中摄取；另一方面从人工转化的硒产品中补充。硒在自然界的存在方式分为两种：无机硒和有机硒。无机硒是无机化合物，从金属矿藏的副产品中获得，其生物有效性低，有较大的毒性，不易被吸收，不适合人和动物食用，目前许多国家已经禁止在食品甚至动物饲料中添加无机硒；而有机硒主要通过生物转化与氨基酸结合成硒蛋白，在组织内储存、吸收效果好、安全性高，其中，植物有机硒是人类硒营养来源的主要渠道。通过根部吸收，以及农作物生长的光合作用与生物转化作用，矿物质和有机状态的硒元素会被转化成易于人体吸收和代谢的硒代蛋氨酸等。而在此过程中生产出来的农产品就成了补硒的重要来源，得到更多消费者的青睐。农产品由吃饱、吃好向吃营养、吃长寿转变是消费升级的大趋势，高品质富硒食品需求不断增加，该产业将在全国形成万亿级市场规模。

1.1.3 硒的毒理效应

硒作为人体必需的营养元素之一，能对人体进行全面的保护，但硒对人体的作用从有益到有害的阈值比较低（仅差 1~2 个数量级）。长期过量补硒（每日 1000 μg 以上）也会发生硒中毒。在发生慢性中毒时，人们有时会感觉反应迟钝、四肢麻木、肌反射亢进等。所以，虽然硒在人体内有着重要的生理功能，但是补硒的安全剂量范围不能忽略，硒摄入量过高或过低都会导致健康风险。

1934 年，美国南达科他州农业实验站的报告显示：动物吃了硒含量高的植物，会导致脱毛、脱蹄、跛行等，称为动物碱毒症；1943 年，美国报告了含硒杀虫剂引起的大鼠肝癌，因此美国 FDA 将硒定为致癌剂，禁止在动物饲料和人类食物中使用。

1961 年，湖北恩施地区曾发生自然硒中毒事件。当时我国处于经济困难时期，粮食奇缺，当地群众采集大量的野菜及其他可食无毒的植物用以充饥，而且食量很大。经过一段时间，人们逐渐出现脱发、皮肤粗糙、掉皮、指甲变脆、头晕心慌等症状。有些区域发生这种怪病的比例高达 30%~80%，家畜和家禽也有这种情况出现。经卫生部派出的医疗队检测，发现疫区人群每日摄入的硒量高达 1000 mg 以上，因此确定为"硒中毒"。国家决定从其他省市调入粮食，并鼓励群众多种蔬菜瓜果，逐步解决了这一硒中毒事件。据 2007 年中国疾病预防控制中心组织的专家调查表明，近 20 年来，恩施富硒区居民的硒摄入量已回落到正常水平，未发生新的中毒事件。半个多世纪前的那次硒中毒事件，提醒我们对于微量元素硒的补充需要建立在标准化保障和科学指导的基础上：适量补硒有益，多则有害。

2018 年 4 月 1 日实施的《中国居民膳食营养素参考摄入量　第 3 部分：微量元素》（WS/T 578.3—2017）中，将中国居民膳食营养素硒的推荐量定为：成人每日硒平均需要量为 50 μg，最高摄入量应小于 400 μg。

1.1.4　硒在我国的分布

硒存在于土壤中，经过土壤—大气—水等环境参与生态循环。硒的分布不均衡，呈明显的地带性，高硒地区也存在低硒土壤。经科学研究发现，世界低硒带主要分布在 30 度以上的中高纬度，全世界有 40 多个国家和地区属于缺硒地区，包括中国、蒙古、俄罗斯、日本、澳大利亚、新西兰等。而我国是世界上缺硒最严重的国家之一，近 10 亿人都存在着缺硒现象。目前学者已发现，缺硒除了会引发克山病、大骨节病，还可直接导致 40 多种疾病、间接导致 400 多种疾病的发生。

中国土壤中硒含量的平均值为 0.29 μg/g，据《中华人民共和国地方疾病与环境因素图集》显示，从东北三省起斜穿至云贵高原，占国土面积约 72% 的地区存在一条低硒地带。土壤中硒的分布极不均匀且具有地区特征，就表层土壤的硒含量而言，中国不同地区按照降序排列为：西北 > 华南 > 华中 > 华东 > 西南 > 东北 > 华北（图 1-3）。科学家对 1094 个县（市、区）土壤样品中的硒含量进行了测定，结果显示：达到国际公布的正常临界值 0.1 mg/kg 的县只有 1/3。其中，含量 ≤ 0.02 mg/kg 的占 29%，为严重缺硒地区，包括苏、浙、皖等发达地区。目前，我国已发现的天然富硒区有江西宜春、湖北恩施、陕西安康、广西贵港、安徽石台、宁夏中卫、湖南桃源、四川万源，以及重庆江津等地，部分富硒地区富硒产业发展情况如表 1-1 所示。

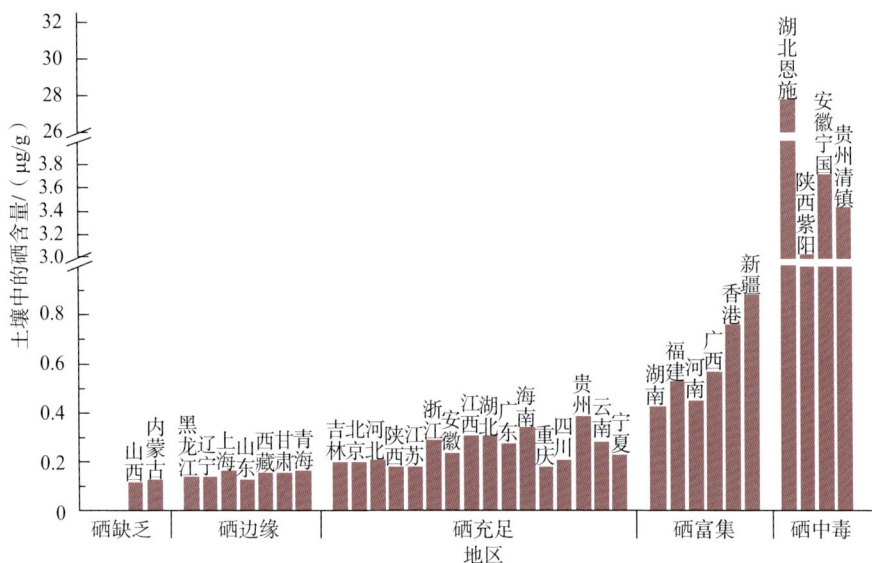

a

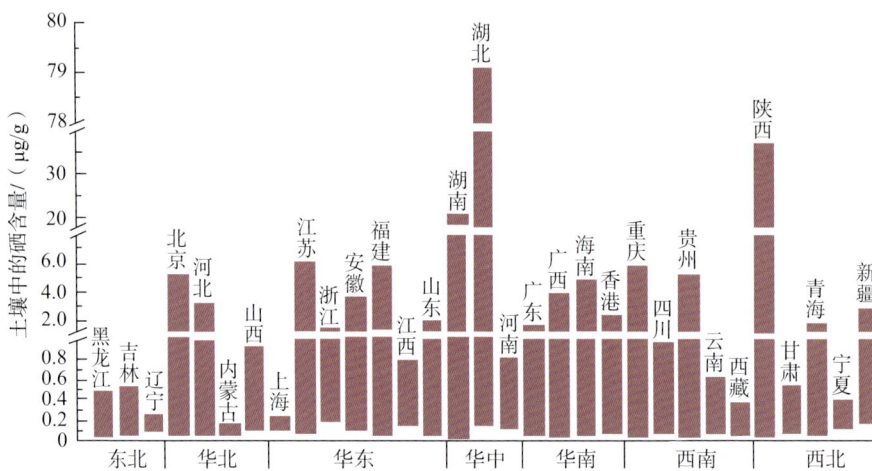

b

图 1-3　中国不同地区土壤硒含量

表 1-1　部分富硒地区富硒产业发展情况

富硒区 名称	富硒土壤 面积 / 万亩	已开发利用富硒 土壤面积 / 万亩	培育富硒经营 主体 / 家	2021 年富硒产业 综合产值 / 亿元
江西宜春	780	177	378	423.78
湖北恩施	1995	700	2900	719.48

富硒区 名称	富硒土壤 面积 / 万亩	已开发利用富硒 土壤面积 / 万亩	培育富硒经营 主体 / 家	2021 年富硒产业 综合产值 / 亿元
陕西安康	1046	520	255	750.00
广西贵港	579	11	42	107.20

1.2 硒资源利用现状

1.2.1 国外硒资源利用现状

根据流行病学统计，全世界多达 10 亿人存在缺硒问题。在很多欧洲国家如法国、英国和德国，部分亚洲国家如尼泊尔和中国，以及部分非洲国家，人们从食物中摄入的硒并不能达到需求量。而在美国、日本、加拿大等国家，人们从食物中摄入的硒普遍较多。

WHO 曾于 1990 年计算得出防止克山病发生的男性与女性硒最低摄入量分别为 34 μg/d、26 μg/d。世界各国根据本地食物中不同的硒含量和居民实际硒摄入量，分别制定了成人膳食参考摄入量，中国营养学会推荐成人硒摄入量为 60 μg/d，美国、加拿大的膳食硒营养素参考摄入量均为 55 μg/d，英国为 75 μg/d（男性）和 60 μg/d（女性），德国、瑞士、奥地利、澳大利亚和新西兰的相关推荐量也大多在 55~70 μg/d。

此外，随着硒对于婴幼儿健康发育的重要作用逐渐被广泛认识，2015年，美国 FDA 正式将矿物质硒列入必须具有的营养元素，并且在婴幼儿配方奶粉中建立了硒的最低限量（2 μg/kcal）和最高限量（7 μg/kcal）。然而，目前奶粉中添加的多为无机硒，这不是最好的硒强化方式，未来可根据母乳中硒的主要形态来探索更好的硒添加方式。

欧洲的多个国家和地区处于饮食缺硒状态，东欧饮食缺硒状况比西欧更严重。调查显示，一些欧洲国家居民中惯于服用膳食补充剂者占 17.9%~60.0%。德国的一项针对 1070 人的临床调查显示，通过膳食补充剂补充硒元素的人群占比达到 23%，仅次于补充镁、钙、锌元素的人群占比。芬兰是世界上最早也是目前最成功的通过硒的生物强化法来提高农作物中硒含量的国家。芬兰土壤中天然缺硒并且硒的可利用率很低，在 20 世纪 70 年代，芬兰的人均硒摄入量不到 30 μg/d，此后通过向土壤中添加硒进行营养强化，至 2001 年，芬兰农产品中硒的含量有了明显提高，芬兰居民的硒摄入量提高到 125 μg/d。

英国也是缺硒国家之一，调查发现 1995 年英国人均硒摄入量仅为 29~39 μg/d。科学家 Hart 等通过土壤硒强化措施，显著提高了小麦中硒的含量，使其从 35 μg/kg 提高到 1800 μg/kg。希腊居民日常饮食硒摄入量只有 39.3 μg/d，饮食中硒的来源主要是鱼类、肉制品和面包。希腊的农副食品中鱼类硒含量较高（0.51 μg/g），面包硒含量达到了 0.07~0.13 μg/g。

北美区域中美国对硒的保健作用发现较早，相关应用也处于领先地位。1966 年，Shamberger 和 Frost 博士通过试验发现，硒对人类具有保护作用，可降低患癌风险，美国部分土壤中硒含量很高，使得食物中硒含量处于较高水平。美国科学家研制了纯天然富硒果汁、富硒牧草、富硒奶等产品。同时，作为营养补充剂的补硒功能性食品，如富硒酵母类、硒代蛋氨酸类及复合维生素合剂等均较丰富，各类富硒保健品在售品牌繁多、品种林立，因此美国人均硒元素摄入量也较高，达到 106.7 μg/d。

澳大利亚对于硒元素的开发利用程度也较高，居民饮食中的硒主要来自面包之类的小麦制品。澳大利亚科学家研制了纯天然富硒小麦、富硒啤酒、富硒饼干和富硒牛肉干等产品。澳大利亚的肉类和肉制品中硒的含量相对其他国家比较高，可超过 200 μg/kg，澳大利亚居民日常硒摄入量可达到 57~87 μg/d。

1999 年，新西兰的人均硒摄入量男性为（59 ± 19）μg/d，女性为（38 ± 21）μg/d。新西兰各地对农产品的使用情况不同，不同地区的居民摄入硒的状况也有显著差异。南岛城市如达尼丁的面包硒含量只有 25 μg/kg，这个数值远低于北岛的纳皮尔及北部的奥克兰的面包硒含量。

澳大利亚和新西兰地区的富硒保健食品主要有 Natural Fertility Management、Clinicians、BioCeuticals 等品牌，所售产品主要以富硒酵母、硒代蛋氨酸等有机硒为主，添加无机硒的产品较少。

据统计，韩国居民日常硒摄入量平均值为 57.5 μg/d。韩国居民从日常饮食中摄入硒的来源主要是谷物制品（占 34.2%），鱼、贝类（占 21.0%）和肉制品（占 19.9%）；其中，鱼类硒含量（0.152~0.788 μg/g）和肉类硒含量（0.043~0.324 μg/g）较高，其次是蛋类食品（0.267 μg/g），谷物类硒含量为 0.043~0.216 μg/g，而蔬菜水果等植物类食品中的硒含量非常低。

综上可以看出，硒元素作为人体的必需微量元素之一，其补充方式主要有两种，即提高食物链的硒元素基础含量和食用富硒营养补充剂。其中，前一种方式与地域及饮食结构密切相关，需要由政府整体推动；而研发与推广优质、安全、高效的富硒营养补充剂是部分发达国家提倡的方式，特别是将硒的补充形态由无机硒转变为更易吸收和安全的有机硒。

1.2.2 国内硒资源利用现状

20 世纪 50 年代，由于我国先后发生因人体严重缺硒而导致的克山病、大骨节病，以及因人体长期过量摄入硒而导致的恩施地区硒中毒，使我国在人体硒正常水平含量标准研究方面走在了世界前列。1988 年，中国营养学会通过对我国 13 个省份的居民大面积营养水平调查，发现成人每日硒的摄入量仅为 26.63~32.40 μg，提出了中国居民膳食硒摄入量推荐标准，目前最新标准的适宜区间为 60~400 μg/d。

联合国粮食及农业组织（FAO）、世界卫生组织（WHO）和国际原子能机构（IAEA）采用并联合推荐了中国人体硒含量的相关标准（表 1-2）。

表 1-2 中国人体硒含量的相关标准

项目	标准 /（μg/d）	项目	标准 /（μg/d）
人体最低硒需要量	17	人体生理硒需要量	40
膳食硒供给量	60~250	膳食硒最高安全摄入量	400
人体硒中毒界限量	800		

实践证明，硒的摄入量过多或摄入量不足均会危害人体健康。根据我国大部分地区严重缺硒的状况，当前主要是解决人体日硒摄入量不足的问题。由于硒在我国分布的特性，全国约 7 亿人硒摄入量长期严重不足，包括经济发达的京津冀、长三角地区。我国人均硒摄入量仅为 36 μg/d，东北至西南缺硒带上的 14 个省份硒平均日摄入量为 27.2~38.0 μg，而东部发达地区硒平均日摄入量在 40 μg 左右，明显低于中国营养学会和世界卫生组织最低推荐值 60 μg。通过农产品补硒是最经济、最有效的方式，富硒产品的市场潜力很大。

经过国内专家多年的研究，中国预防医学科学院的专家确定了人体对硒的安全摄入量。中国营养学会制定了人体补硒的推荐标准。最新进展为 2018 年 4 月 1 日实施的《中国居民膳食营养素参考摄入量　第 3 部分：微量元素》（WS/T 578.3—2017）规定：成人每天硒平均需要量为 50 μg，推荐摄入量为 60 μg，最高摄入量为 400 μg。根据这些强制性和推荐性标准，国内外学者开展了大量关于硒的生物营养强化及其健康效应等领域的研究。例如，中国科技大学苏州研究院硒与人体健康重点实验室采用天然富硒矿物和生物富硒资源为原料，利用纳米靶向引导技术，将高硒区资源转化为对健康有益的生物有机硒，使农副产品硒含量提高。目前，已推出了纳米硒植物营养剂、有机硒食用菌剂、有机硒动物饲料添加剂及天然有机硒蛋白四大类产品，这些富硒产品被应用到了水果、水稻、茶叶、大闸蟹、鸡蛋等农副产品中。许多单位对富硒茶叶、富硒烟叶、富硒中药材、富硒蔬菜的硒富集能力、硒的赋存形态等方面进行了深入研究，基本确定了各种作物的富硒栽培方法和开发利用途径。2002 年 5 月 16 日，湖北省质量技术监督局批准发布、实施了我国第一个富硒食品标签标准《富硒食品标签》，2014 年湖北省卫生和计划生育委员会批准发布并实施了省级食品安全地方标准《富有机硒食品硒含量要求》（DBS 42/002—2014），2018 年 6 月国家卫生健康委联合国家市场监管总局发布了全国第一个硒蛋白标准《食品安全国家标准　食品营养强化剂　硒蛋白》（GB 1903.28—2018）。这些成果为硒资源进一步的开发利用提供了坚实的发展基础与技术支撑。

随着人们消费需求的不断升级，人们对食品的关注点逐渐从安全转变为营养健康，自带健康标签的富硒产品需求量有望大幅增长。据赵其国院士预测：2035 年，全球以富硒产业为重点的功能农业产值将达到 3 万亿元。不少国家纷纷开发出丰富多样的富硒产品，如美国的富硒牧草、富硒牛奶、富硒水果，澳大利亚的富硒小麦、富硒啤酒，丹麦的富硒胶囊等。我国硒应用研究走在前列的有中国科技大学、中国农业科学院、中国农业大学、上海市农业科学院和南京农业大学等，研发的产品包括富硒作物、富硒海产品、富硒畜禽产品、富硒微生物食用菌等，取得了一定的成果。我国富硒产业始于 20 世纪 80 年代中期，最近 10 年进入高速发展阶段。富硒产品附加值高，市场上但凡"沾"上硒的产品都能卖上价。例如，从丹麦进口的诺和维他牌补硒胶囊每瓶售价 348 元；汤臣倍健公司出品的"富硒酵母片" 24 g/瓶，售价 128 元；恩施德源公司出品的"硒萃"含片 42 g/瓶，售价 228 元，平均 5.4 元/片；安康"汉水硒谷真硒水"一瓶（380 mL）售价 12.8 元。在宜春，富硒大米一般在 30~40 元/千克，而普通大米 5~7 元/千克；富硒鸡蛋一般 4~5 元/个，而普通鸡蛋 0.7 元/个，经济效益十分可观。除了食品方面的应用，硒元素还应用于冶金、玻璃、陶瓷、电子、太阳能等众多领域，随着世界经济的发展和新应用领域的出现，硒的下游需求不断增长。

1.3 富硒产业发展概况

1.3.1 富硒产业总体发展

习近平总书记自 2017 年以来，分别在广西、山西、江西、陕西、湖北等省，4 年 5 次对富硒产业做出重要指示，为我国富硒产业发展指明了方向。特别是 2019 年 5 月，习近平总书记在江西于都县梓山富硒蔬菜产业园考察期间嘱咐：一定要打好这个品牌，让富硒农产品在市场上更加畅销。2020 年 5 月 24 日，习近平总书记在参加全国人大湖北代表团审议时指示，要将"硒资源变硒产业"。目前，富硒产业的发展经历了 4 个阶段，其中：硒产业 1.0，即人们刚认识硒，对硒的健康作用还不全面了解，只有一个概念，处于混沌状态；硒产业 2.0，即"X+硒"，人们对硒的作用有了一定的了解，以具体的产品为主体，硒是载体，说明产品中含硒可提高附加值；硒产业 3.0，即"硒+X"，以硒为核心要素，具体产品为载体，实现硒与一二三产业的融合，涉硒的产业均可统计为硒产业生产总值；硒产业 4.0，即"硒+X"的升级版，就是硒可以游离于载体单独发挥作用，也可以融合于各大产业中，相融相通，产品极大地丰富化、多元化、个性化和大众化，硒无所不在，与人们生活紧密相连，与大健康无缝对接，并且都是高端的有效供给，价格平民。

在我国居民对食品的营养要求日益提高的背景下，开发硒资源、利用硒资源、发展硒产业的热潮正在国内兴起。富硒地区都积极利用富硒农业地质环境开展富硒农副产品研发，发展天然富硒产业。也有部分非富硒地区，通过使用硒肥、富硒饲料或富硒饵料，生产富硒农副产品。已具有一定规模的省份有江西、陕西、贵州、湖南、安徽、四川、浙江、海南、山东、河北、黑龙江、重庆、江苏等。

据统计，国内从事硒产品生产的企业约为 300 家，富硒食品主要集中在富硒茶、富硒谷物制品、富硒酒、富硒豆制品、富硒果蔬制品、富硒调味品等（图 1-4）。生产基地主要分布在江西宜春、湖北恩施、陕西安康、湖南桃源等地（表 1-3）。2021 年 7 月农业农村部对十三届全国人大四次会议第 9576 号建议"关于规范和推进富硒产业发展的建议"的答复指出，自然资源部通过开展土地质量地球化学调查等工作，截至 2021 年，累计发现 1.21亿亩无污染富硒耕地，圈定 100 余万亩可供直接开发利用的富硒耕地。全国有 20 多个省份发现天然富硒土壤，其中，江西、湖北、陕西、广西、青海、湖南、重庆等地已把富硒产业的发展纳入全省经济社会发展大战略，将其作为新兴战略产业进行开发，使其呈现出前所未有的发展热潮。10 余个富硒区已基本建立起各自的区域品牌，我国富硒产业逐步向品牌化方向发展。富硒地区硒农业与乡村振兴相结合，与传统产业相比具备更好的附加值，更能够直接带动农户增收致富，同时按照"硒+X"产业发展模式，积极探索推进硒+农业、硒+农产品加工业、硒+旅游业等发展，必将带来更多的财政收入、项目建设和融资政策，可以有效促进社会就业，增加农民收入，实现农村富裕。

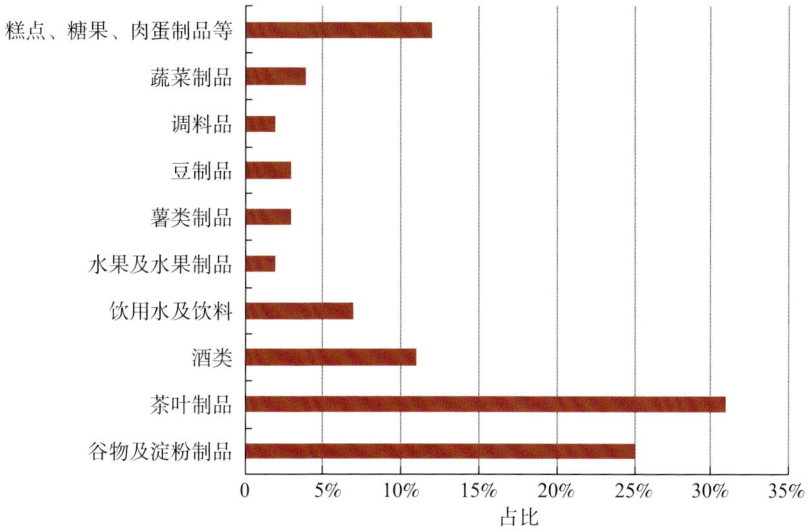

图 1-4　我国富硒食品各类生产企业经营概况

［资料来源：此图数据由全国各地相关富硒食品生产企业（152 家）统计得出］

表 1-3　我国部分富硒地区的区域品牌

地区	区域品牌	地区	区域品牌
江西宜春	世界硒养之都	陕西安康	中国硒谷
江西丰城	中国生态硒谷	重庆江津	中国生态硒城
湖北恩施	世界硒都	湖南桃源	中国硒乡
广西贵港	中国硒港	福建诏安	中国海峡硒都
青海平安	高原硒都	黑龙江海伦	黑土硒都
福建连城	客家硒都	福建大田	中国高山硒谷
山东淄川	北方硒都	福建寿宁	中国硒锌绿谷
贵州开阳	中国富硒农产品之乡	安徽石台	生态硒都

1.3.2 主要富硒地区产业发展

全国主要富硒地区产业发展情况如下。

（1）宜春（江西）

宜春是全国三大天然富硒地之一，富硒土壤和潜在富硒土壤有 1545 万亩，占全市总面积的 55%，其中富硒土壤（总硒含量 ≥ 0.4 mg/kg）780 万亩，潜在富硒土壤 765 万亩；富硒耕地（252 万亩）和潜在富硒耕地（292 万亩）共 544 万亩，占全市耕地面积的 75%，其境内的温汤镇有世界唯一的"高硒低硫、可饮可浴"的富硒温泉。宜春市先后获评"全国富硒农业示范基地""世界硒养之都""中国富硒美食地标城市""全国硒资源变硒产业十佳地区"等荣誉称号。

宜春市人民政府极为重视硒资源向硒产业的转化，提出将富硒产业作为农业首位产业。2021 年专门成立了由书记、市长任组长的富硒产业发展领导小组，并纳入高质量发展和乡村振兴战略考评体系，并加大财政支持，每年安排 2000 万元富硒产业发展专项资金，以促进富硒产业的发展。宜春还专门设立了宜春市硒资源开发利用中心，组建了江西富硒产业研究院，引进了赵其国院士团队并建立了院士工作站。截至 2021 年年底，全市富硒农产品示范基地面积达 150 万亩，其中万亩以上基地 8 个、千亩以上基地 150 个。现有富硒经营主体 378 家，其中国家级、省级龙头企业 71 家。全市已开发富硒产品 70 多类，注册富硒农产品商标 260 个，宜春大米等富硒农产品荣获"国家地理标志产品"，全年富硒产业综合产值达到 423.78 亿元，同比增长 79%，富硒产业已成为全市农业经济新的增长极。

（2）丰城（江西）

被誉为"中国长寿之乡"的丰城拥有总面积达 524.7 平方公里的富硒土壤，其中富硒耕地 200 平方公里，平均硒含量高达 0.538 μg/g，2009 年 9 月 14 日丰城正式被中国营养学会、中国食品科学技术学会联合授予"中国生态硒谷"称号。2018 年，中国生态硒谷现代农业产业园获批国家级农业科技园区。

丰城市编制了《丰城市富硒产业规划》，打造了 5738 亩核心区、12.8 公里富硒产业走廊和覆盖 11 个乡镇（街道）总面积达 78.7 万亩的富硒产业辐射区。累计投资近百亿元，重点打造富硒大米、富硒油茶、富硒中药材、何首乌茶种植、高档肉牛养殖、花卉苗木、休闲采摘等七大种养基地，引进 50 亿元以上重大项目 1 个、10 亿元以上重大项目 2 个、亿元以上项目 13 个，培育农业产业化龙头企业 20 余家，已开发富硒大米、富硒油茶等 70 余个农产品，2018 年，丰城富硒农产品质量安全检测站获江西省质量技术监督局认定证书和江西省农业农村厅考核合格证书"双认证"。

此外，丰城市陆续出台了《丰城市中国生态硒谷入园企业优惠办法》等政策。启动建立富硒产业发展专项基金和投融资基金，先后整合各类财政资金近 30 亿元。2020 年，富硒产业实现产值 96 亿元，占全市 GDP 的 17.9%，同比提高 21 亿元，占比提高 3%。富硒主题休闲体验农业快速发展。建成富硒主题休闲体验基地 6 个，年接待游客 20 万人次，增加 2.1 万人就业。

（3）恩施（湖北）

恩施州有"世界唯一探明的独立硒矿床"和"全球最大的天然富硒生物圈"，该地区生长的碎米荠是世界上最聚硒的植物，其拥有"世界硒都"的美誉。另外，新近发现的长达 8.5 公里的硒矿带也在恩施州境内。该区域土壤中硒资源丰富，土壤中硒平均含量为 0.408 mg/kg，其中，0.4 mg/kg 以上的富硒地区占总面积的 53%。

2015 年，《湖北省富硒产业发展规划（2015—2020 年）》明确指出以恩施州为重点，打造全省千亿富硒产业集群。州委、州政府顺势而为，将硒产业作为打造地方特色经济增长极的重要战略支撑，以打造"世界硒都·中国硒谷"为核心，积极推进"一谷两基地三示范区"建设布局，深入践行"硒 +X"发展模式。2017 年，全州硒产业基地突破 73 万公顷，硒产业总产值突破 440 亿元，涉硒企业突破 1000 家，"恩施硒茶""恩施硒土豆"畅销全国各大市场。

近年来，恩施州将富硒食品作为重点产业，加强富硒食品研究，通过天然强化等生物营养强化技术，在恩施州的沃土上已开发拥有六大类 50 多个富硒产品，从事富硒产业的企业高达 400 多家。2020 年，全州硒食品精深加工产业产值达到 150 亿元，产业规模居全国同行前列。与此同时，恩施州还着力打造集加工、展览、研发、检测于一体的全产业链条，培育食品加工、文化旅游、生物医药、清洁能源等特色产业集群，实现"以硒兴业、以硒富民"。2020 年，恩施州硒产业总产值已突破 637 亿元。2021 年，恩施州克服疫情等不利因素，时隔两年再次举办世界硒都（恩施）硒博会。国家功能农业科技创新联盟成为大会主办方之一。未来，该联盟与恩施州将形成更紧密的合作，助力将恩施州打造成具有国际视野、中国水平的硒资源变硒产业样板区。

（4）贵港（广西）

贵港市位于广西东南部、珠江流域干线西江中游，是一座拥有 2000 多年历史的古郡新城，农业禀赋优良，境内土地资源丰富，土壤肥沃，富含多种有机质，硒含量 ≥ 0.4 mg/kg 的面积占比达 77.05%，是名副其实的原生态富硒区域，适宜多种农作物生长，是广西目前富硒土壤占比较高、最连片、最具开发特色的富硒农产品优质地区，也是发展高效优质农业特别是富硒产业的最佳区域，被誉为"中国硒港"。

近年来，贵港市立足本地天然富硒资源优势，将富硒产业开发作为农业转型升级和农业高质量发展的重要措施来抓，实施"中国生态富硒港"战略，成功建设了港北区万亩有机富硒水稻等一批富硒产业基地；培植了通达米业有限公司等一批龙头企业；打造了西山"碧水茶园""翼王香"等一批富硒产品品牌；荣获了"中国生态富硒港""全国富硒农业示范基地""富硒功能农业国际合作推广示范基地""全国硒资源变硒产业十佳地区"等荣誉称号。

截至 2021 年，贵港市共有 100 个产品通过了广西富硒农产品认证，15 家富硒生产企业获得了国家级富硒农产品认证，28 个产品在历届世界硒都（恩施）硒博会上荣获名优（特色）硒产品称号。2022 年，在港南区推动打造"全国首个富硒虾稻小镇"。

（5）平安（青海）

2010 年，青海省海东市平安区首次探明 600 多平方公里的富硒土壤资源，平安区的硒资源以其硒含量浓度适中、无伴生有害元素、宜于开发利用等特点著称，享有"高原硒都"的美誉。2021年被中国地质学会认定为"全国首批天然富硒土地"。

2021年，平安区引进青海高原虹生物科技有限公司赤松茸种植项目，投资300万元，在三合镇寺台村成功种植赤松茸6.7公顷。在"富硒"这一金字招牌的支持下，2021年平安区赤松茸产品远销上海、江浙等发达城市和地区，销售额达280余万元。另外，平安区还成功引进富硒小米种植项目，在三合镇祁新庄村种植6.7公顷富硒小米，开展平安区富硒小米试验田建设及产品开发示范工作，销售额达300余万元。重点打造白沈沟富硒果蔬产业园、祁家川食用菌产业园、大红岭田园综合体、洪水泉富硒牦牛产业示范园、三合镇富硒农副产品加工示范园等涉硒产业园区。同时，强化特色产业扶持，培育富硒企业24家，培育独具平安特色的畜禽、果蔬和粮油等富硒品牌产业，让更多高原、绿色、有机的平安富硒特色产品走进全国消费者的"菜篮子"。

（6）连城（福建）

2016年10月，连城县被列为福建省第一批10个富硒农业产业开发重点县；2017年2月，连城县获授"客家硒都"荣誉称号。2017年，连城富硒产业实现产值7.65亿元，并参与编写了《富硒农产品硒含量分类要求》福建省地方标准，为省内富硒农业产业的标准化与制度化提供了技术数据。2021年，连城县地瓜种植面积10万亩，加工地瓜制品27万吨，地瓜全产业链产值近112亿元，全县地瓜制品加工企业58家，地瓜制品内销全国600多个城市，出口日本、韩国、欧美等国家和地区，2021年销售量约占全国地瓜制品的80%以上。

连城县结合丹霞地貌与喀斯特地貌，含硒土地面积2567平方公里，占全县面积的99.6%，其中富硒土地面积853平方公里，占全县面积的33.1%，呈北东向分布，主要分布在罗坊乡—北团镇—塘前乡和庙前镇—莒溪镇—曲溪乡—姑田镇—赖源乡两条富硒土地带。全县清洁和尚清洁水平土地面积2044平方公里，占全县面积的79.1%，各种农作物都可以从土壤中吸收不同含量的硒，完全可以作为富硒特色农产品生产地，被誉为"上帝赋予连城的黄金"。

（7）淄川（山东）

淄川区位于山东省淄博市中部，全区总面积960平方公里，山地、丘陵占到总面积的80%以上，是山东省首个天然富硒区域，富硒土壤层较厚，土壤可利用硒含量丰富，是不可多得的天然富硒"宝藏"，为开发富硒农业提供了雄厚的资源基础。淄川区自2012年开始对寨里镇、龙泉镇、洪山镇的富硒区域进行大力开发，2014年淄川区被农业部授予"中国富硒农产品之乡""中国富硒蔬菜生产基地"的称号，2018年淄川区被授予"全国富硒农业示范基地"荣誉称号。

近年来，淄川区依托山东省独有的天然富硒资源，以建设"北方硒都、长寿淄川"为目标，以富硒资源的可持续开发与有效保护为原则，以养生为产业主题，全力开发富硒相关产业。区委、区政府制定了《关于加快推进富硒产业发展的实施意见》。2016年，淄川区在龙泉镇建设山东唯一的天然富硒产业园——淄川天然富硒现代农业产业园。截至2020年，淄川区拥有久润富硒生态园、创丰农业科技园、光大农业合作社、河东农业合作社、裕翔德富硒专业合作社和百源科技股份有限公司等30多家农业龙头企业投资富硒产业，社会资金投入累计达到5.3亿元，形成了富硒小麦、富硒玉米、富硒杂粮、富硒蔬菜、富硒果品和富硒畜产品六大类共计40多个品种。据不完全统计，淄川区达到中硒及以上水平的土壤有5333公顷，且处于较好开发的环境中，规划好、利用好这一区域的天然富硒资源将大大促进农民增收。

（8）开阳（贵州）

开阳作为硒产业的发起者和倡导者，与恩施、紫阳并称为中国三大富硒地区。开阳土壤中硒平均含量为0.588 mg/kg。开阳于1995年就开展了硒研究，在2017年成立了硒产业发展领导小组，与中国科学院地理科学与资源研究所合作，编制发布了《开阳县硒产业发展规划（2019—2023）》，还编制了《开阳县"十四五"硒产业发展专项规划》。

开阳县依托自身地理位置和气候特点，充分发挥硒资源的主导作用，结合市场需求，以"公司＋基地＋农户"的生产模式大力发展富硒茶业。先后被评为"中国硒州""中国十大富硒之乡""中国富硒农产品之乡""全国硒资源变硒产业十佳地区"，成为中国硒产业（S20）峰会发起成员，国家地理标志保护产品"开阳富硒茶""开阳富硒枇杷"被评为"中国十大富硒品牌"，2021 年 12 月获得"国家功能农业科技创新联盟富硒功能农业综合示范基地"称号。同年，开阳县政府还与苏州硒谷成立合资公司——贵州硒谷公司，以此为依托大力发展硒食品产业链，支撑富硒食品百亿级产业集群建设。

（9）安康（陕西）

安康拥有以紫阳为中心的天然富硒带，是我国最早发展富硒产业的富硒区之一，被誉为"中国硒谷"。习近平总书记视察安康时，特别参观了富硒茶园，关心了富硒茶产业，嘱咐将硒资源变为硒产业。安康市将富硒产业作为千亿"立市产业"，聚焦富硒茶、富硒水、富硒魔芋、富硒生猪、富硒渔业和富硒核桃等六大主导产业，推动富硒全产业链融合发展。

安康市印发了《安康市"十四五"富硒产业发展规划》，为提升产业链韧性，全面启动富硒产业"链长制"领导专班。2021 年，全市新建富硒产业示范园区 20 个，新开发富硒产品 44 个，富硒项目总投资 53 亿元；组织实施富硒科研项目 22 个，认定了"安康富硒鱼"等一批科研成果；推进了"安康富硒茶"等产品的区域公用品牌建设，目前品牌价值达 35.16 亿元。

未来，安康市将以高标准产业基地建设为基础，全力打造全国名优新高品质（富硒）农产品全程质量控制试点市；加快产业链建设，形成集基础研究、标准制定、产业服务、质量控制、品牌宣传、市场营销于一体的产业生态圈；以富硒产业"链长制"为抓手，加大企业扶持培育力度，形成产业集群效应，推进富硒产业由"小、散、低、弱"向"大、优、特、强"转变，实现更高层次、更高水平、更高质量的转型升级，全力打造"中国硒谷"金名片。

（10）江津（重庆）

江津区位于重庆市，是重庆"长寿之乡"，拥有丰富的硒资源，其中土壤中硒平均含量为 0.32 mg/kg。江津区充分发掘"中国长寿之乡""中国富硒美食之乡""中国生态硒城"新优势,形成了"一江津彩"富硒农产品区域公用品牌。紧扣乡村振兴战略,依托地理优势,建立了富硒稻米、富硒柑橘及富硒花椒的产业体系,从产品的种植、收获到最后的加工,形成了江津独有的富硒产业生产体系,推进富硒产业科技创新。2021 年全区富硒产值达 116 亿元,同比增长 16%。

2021 年,江津区重点在富硒农产品标准化基地建设、富硒深加工食品开发和富硒产业协会建设上开展工作,成功举办"中国·重庆(江津)第三届富硒产业发展大会"。江津区农业农村委员会、江津区市场监管局联合成立"重庆市江津区富硒产业质量服务工作站"。2022 年,江津区着力推动科技创新平台和产业服务体系建设,结合国家级园区创建,加大富硒深加工食品开发力度,加强产品销售和品牌宣传体系建设,推动富硒功能农业助力乡村振兴。

(11)桃源(湖南)

桃源是典型的人口大县和农业大县,耕地面积和粮食产量连续多年居全省第一,该县已把富硒特色农业产业作为产业兴县三年行动计划的九大产业之一,把发展富硒特色农业产业作为县域经济发展"一三五"战略之一。据中国科学院 2014 年调查报告证实,在该县已查清的 63% 国土面积中,富硒土壤约占 50%,达 330 万亩。2017 年制定了《桃源县富硒功能农业发展总体规划(2017—2025 年)》,形成了"以富硒稻米为龙头,以富硒茶叶、功能油品为重点,以富硒果蔬、蜂蜜、黑猪、肉牛等为特色"的"1+2+N"产业体系;形成了以县富硒功能农业产业园为中心,以北部稻米、南部茶叶、东部果蔬、西部杂粮、中部油茶为产业集群的"1+5"富硒现代农业产业发展构架。

该县经过多年的探索和努力,共获得相关专利 70 项,其中发明专利 15 项、实用新型专利 52 项、外观专利 3 项,同时多家企业获国家高新技术企业称号,64 项生产技术规程为湖南省地方标准。特别是"土壤富硒 + 生物转硒"综合补硒技术,在全国同类地区形成一定优势。2017 年,由湖南农业大学、江西省富硒生物产业协会、桃源县等单位牵头,共同制定了湖南省团体标准［T/HNFX 001—2017（v01）］富硒农产品硒含量要求。2018 年，桃源县筹建湖南省硒产品质量监督检验中心，现已正式开展硒产品的质检核验、技术培训和信息交流等工作，为有关区域硒产品质量监督进行技术把关。桃源县作为国家认证认可监督管理委员会进行富硒农产品认证试点单位之一，在 2020 年印发了《桃源富硒产品专用标志使用管理办法（试行）》，全面规范和监管桃源富硒产品的质量。近 5 年桃源县先后获得全国性荣誉 83 项，连续 3 次获评"中国十大富硒之乡"，2017 年获评全国唯一的"中国硒乡"和"中国富硒稻米之乡"，2020 年又被评为"全国富硒农业示范基地"。目前已形成"中国硒乡·硒旺桃源"公共地域品牌、"桃花源·硒湘汇"公共会展品牌、"桃源富硒"公共产品品牌。全县富硒农品中，获评中国地理标志保护产品 5 个、中国地理标志证明商标 2 个、中国驰名商标 6 个、湖南省著名商标 22 个、"三品一标"认证 70 个、湖南老字号 3 个。

截至 2022 年，全县发展富硒产业基地 75 个，基地面积达 60 万亩，50 家企业参与富硒农产品开发，现已开发 26 类、83 种、215 款产品，涉硒产业由最初的稻、油、茶、果，扩展到皇菊、红薯等。

（12）诏安（福建）

诏安县北部山区官陂镇的公田村，海拔超过 800 米，是全县海拔最高的建制村，更是远近闻名的"长寿村"。2012 年，福建省地勘局在公田村农产品的检测样本中发现富含稀有元素硒。这一国际公认的抗癌、抗衰老营养物质的发现，有力佐证了这个长寿村的秘密。

2013 年，诏安县被中国营养学学会授予"中国海峡硒都"称号，使其成为福建省唯一一个获此称号的地区。全县富硒土地面积 76.2 万亩，主要分布于红星乡、太平镇东部、官陂镇东南部、金星乡北部等地区，占县域面积的 39.27%。土壤硒元素含量最大值为 1.71 mg/kg，平均值为 0.42 mg/kg。诏安富硒资源以有机硒形式存在于土壤中，可通过动植物吸收转化到农产品中。目前，已初步打造出富硒鸡蛋、富硒大米、富硒水果、富硒蔬菜、富硒中药材、富硒海产品等八大类、20 余种富硒产品。诏安县已形成"8+1"富硒产业格局，即青梅、茶叶、水果、蔬菜、大米、禽蛋、中药材、海产品和温泉。2018年，全县富硒产品销售额20亿元以上，近40%的农业人口从富硒产业中受益。近年来，诏安依托良好的生态优势，挖掘天然富硒资源，大力发展青梅和蔬菜等产业，让农业更强、农村更美、农民更富，因地制宜走出了一条绿色崛起之路。

（13）海伦（黑龙江）

海伦是松嫩平原寒地黑土核心区，黑土层厚度平均在70厘米以上，有机质含量高达3%~5%，被誉为"土壤之王"。拥有绥化市寒地黑土公共品牌，水质富含锶、锂元素，而且无工业"三废"污染，无重金属污染，土壤达到国家环境质量一级标准，天然满足AA级绿色食品基地要求，已成为全国绿色食品原料标准化生产基地县、中国好粮油示范县。2018年11月15日，黑龙江省海伦市富硒土壤调查成果发布会暨黑土资源开发与保护论坛发布了海伦市富硒土壤调查成果。数据显示，海伦465万亩耕地中，每kg土壤中硒含量在0.325 mg以上的富硒耕地面积为133.3万亩，占全市耕地面积的28.7%；每kg土壤中硒含量在0.175~0.325 mg的足硒耕地面积为325.5万亩，占全市耕地面积的70%。2016年，海伦市被中国营养学会授予"黑土硒都"称号。"海伦大豆""海伦大米"荣获农业部2017年最受消费者喜爱的中国农产品区域公用品牌。2020年，海伦市被中国地质调查局授予"全国十大天然富硒基地"称号。这一称号将进一步扩大和提高"海伦—黑土硒都"的影响力与美誉度。

海伦市有绥化市"寒地黑土"公共品牌；有"海伦大豆""海伦大米"地理标志品牌；有"黑土硒都"集体商标品牌。已开发出十三大类88种富硒产品。成功申请了十大类46种富硒食品硒含量检测及生产的企业标准；培育了硒谷米业、原野食品、龙海食品、野泰食品等富硒农副产品加工龙头企业28家；扶持了巨源富硒、众诚科技、半亩田等新型特色富硒产品加工中小型企业17家。建立起了比较完备的线上线下销售渠道，在全国重点城市建立了直销店或专柜等实体。

（14）大田（福建）

大田，别称"岩城"，位于福建省中部，大田是中国高山茶之乡、中国油茶之乡、中国高山硒谷，是中央苏区县、省级文明县城、省级生态县城、福建省河长制发源地。全县土地面积 2294 平方公里，根据福建省地质矿产勘查开发局调查研究，大田县土壤表层富硒土地面积 836 平方公里，占全县的 36.4%，每千克土壤硒含量达 0.4 mg 以上。2015 年 10 月，大田被授予"中国高山硒谷"的美誉，县里邀请北大未名集团做了富硒产业规划，同时制定出台了《大田县"硒田"富硒产品公共商标管理办法》，着力推进闽中富硒农产品产业园项目建设，大力发展富硒大米、茶叶、萝卜等天然有机绿色农业特色产品。

2019 年，"硒望之田"作为富硒农产品公共品牌注册成立，通过搭建"硒"平台，与科研机构合作，开展蔬菜、甘薯、水稻等品种富硒水平研究试验，在桃源、建设等乡（镇）建立水稻、甘薯、萝卜、玉米等富硒农产品基地 2 万亩，开发了富硒大米、富硒茶、富硒茶油等产品。建设富硒农产品展示展销中心 2000 平方米，集中展示 18 个乡镇特色富硒农产品，推动富硒农产品走出大田、走出福建、走出国门。

近年来，大田县全力打造"中国高山硒谷"这张生态名片，抽调一批专业人员出台发展富硒产业政策，从 2016 年开始，县财政每年投入专项资金 400 万元扶持富硒产业发展。依托富硒资源，发展特色产业，大田正举全县之力将资源优势转化为产业优势、经济优势，推进大田富硒产业快速发展，打响大田富硒品牌。规划形成"一心一园四区"的产业发展空间格局，着重打造富硒特色绿色果蔬基地及富硒粮油深加工产业链、富硒茶叶与茶多酚系列产品产业链、富硒食用菌产业链、富硒肉产品产业链、富硒洛神花产业链、富硒中草药产业链和富硒生活方式旅游产业链等八大产业链条。

（15）寿宁（福建）

寿宁县位于福建省宁德市北部，面积为 1424.4 平方公里，该县素有"八山一水一分田"之称，林地面积有 880 平方公里，森林覆盖率达 74.8%；水田有 215.605 平方公里，占全区面积的 15.14%；茶园有 132.614 平方公里，占全区面积的 9.3%。2013 年，福建省地质矿产勘查开发局勘查发现，寿宁县土壤富含硒、锌元素，其中富硒土地面积 58.2 万亩，富锌土地面积 68.8

万亩，分别占寿宁全县土地面积的 28% 和 33%。富硒富锌土壤具有双素共生、无重金属、含量适中、土地生态优良等特点，全国罕见，其中可开发的硒锌土壤面积超过 30 万亩。2021 年，寿宁县获中国地质学会首批天然富硒土地认定。寿宁县还先后获评"中国富硒富锌农业示范县""中国硒锌绿谷"等称号，并被列为首批福建省富硒农业产业开发重点县。

近年来，寿宁县依托独特的硒锌资源，因地制宜推广发展硒锌康养旅游和高山茶叶、优质水果、食用菌、林下经济"1+4"生态高效产业，全县硒锌产业结构不断优化，产业层次稳步提升。同时，积极支持、引导群众和经营主体参与硒锌产业发展，创新推出了"硒锌 + 观光农业""硒锌 + 康养""硒锌 + 民宿"等一批新业态，探索出了一条绿色生态发展之路，富硒、富锌产业正逐渐成为当地的"富民"产业。培育出硒锌农业企业（含合作社）100 多家，省、市级龙头企业 39 家，建成硒锌农业基地 113 个，果、蔬、茶、稻、菌、畜、水产、中药材等硒锌特色产业应运而生。硒锌农产品先后获得全国性、区域性奖项 40 多个，其中 16 个农产品分别获得无公害农产品、绿色食品、有机农产品和农产品地理标志"三品一标"产品认证。

2021 年 10 月，寿宁县引进了微量元素开发领域领军企业——福建省珍硒生物科技集团股份有限公司，破解了长期困扰农产品吸附硒锌元素不均衡的问题，成功开展了蔬菜、马铃薯、肉鸡、蛋鸡等作物中的富硒锌元素试验，并取得成功，为硒锌功能康养产业大步向前发展打下基础。截至 2022 年，寿宁县累计培育省、市硒锌龙头企业 39 家，专业合作示范社 36 家，产业基地 110 多个，面积约 15 万亩，涵盖了所有乡镇。硒锌产业成为当地农村继茶叶之后第二个增收产业，全县年产值呈两位数增长态势。

（16）石台（安徽）

石台位于安徽省池州市，素有"生态硒都"的美誉，是华东地区最著名的天然富硒区，区内拥有"中国富硒第一村"之称的大山村。该地区中硒及以上区域占全县总面积的 96.49%。石台县在 2019 年相继出台了《关于加快推进硒产业高质量发展的实施意见》《2019 年石台富硒行动计划》等政府文件，通过政府主导、政策引导，鼓励富硒产业发展，推动形成了以富硒茶、富硒米和富硒旅游康养为主的富硒产业集群，培育了天方集团、西黄山等一批龙头企业，带动当地农民增收致富。

未来，石台县作为池州市发展硒产业的排头兵，将与国家功能农业科技创新联盟、国际硒研究学会等科技平台密切合作，面向长三角中高端市场，加快启动全国硒资源变硒产业样板区建设，成为以富硒为主题，让"绿水青山"变成"金山银山"的乡村振兴典型。

（17）赣州（江西）

赣州市委市政府为深入贯彻习近平总书记"一定要把富硒这个品牌打好"的指示精神，充分对接《赣州市"十三五"现代农业发展规划》《赣州市乡村振兴战略规划（2019—2022 年）》，组织编制、印发了《赣州市富硒农业产业发展规划（2020—2030 年）》。从发展战略与产业布局上，以创建"世界生态硒地"（World Se-Land City）为战略定位，围绕"蔬、果、油、粮、畜、禽、特"等优势产业，重点瞄准粤港澳大湾区高端富硒特色"菜篮子""果盘子"，打造全省富硒农业产业高质量发展示范区、全国富硒农业产业先行示范区、富硒农业产业跨越式发展样板区、全球高端富硒农产品品牌集聚区。根据全市富硒土壤资源分布特征和产业基础，打造"一带双核三区四集群"的产业发展格局。随着《赣州市富硒农业产业发展规划（2020—2030 年）规划》的印发与实施，将为于都、会昌、信丰、瑞金、石城、兴国、安远等一批富硒土地资源丰富、生态优势明显的市县带来发展新"硒"望。

（18）柏乡（河北）

河北柏乡于 2012 年发现富硒土壤，土壤中硒含量最高值达 0.58 mg/kg，硒含量达到 0.4 mg/kg 以上的土壤约 3 万余亩。柏乡政府紧抓自身资源优势，大力发展富硒产业，将富硒功能农业纳入县"十四五"发展规划，成立了河北省首个县级富硒功能农业产业发展领导小组和富硒产业办公室，制定了支持富硒功能农业发展的一系列优惠政策，起草编写了全省第一个富硒农产品标准——《富硒农产品硒含量要求》（DB 13/T 2702—2018）等。

2021 年，柏乡县与国家功能农业科技创新联盟等功能农业"国家队"密切合作，推进了一系列重大举措，包括召开首届京津冀功能农业发展大会暨中国（柏乡）功能小麦产业招商大会，打响"北方硒谷·康养柏乡"新名片；启动建设河北首个万亩富硒强筋麦种植基地，在全省率先申报河北省富硒小麦产业技术研究院；打造"硒望柏乡"区域公用品牌，重点打造"柏乡富硒麦"单品。

（19）福绵（广西）

福绵地区地处玉林市西南部，土壤中硒含量平均值为 0.61 mg/kg，超过全国土壤中硒含量平均值。福绵区委、区政府积极对接国家功能农业科技创新联盟、国际硒研究学会、南京国家农创中心、苏州硒谷科技有限公司等多家机构。2020 年，福绵区与国家功能农业科技创新联盟签订战略合作协议；在首届，全国功能农业发展大会上获评"全国硒资源变硒产业十佳地区"。

2021 年，福绵区樟木镇天然富硒地块获得中国地质学会首批 30 个天然富硒地块认定，是广西唯一获批地块，并被联合国老龄所专家认证为"世界长寿之乡"，成为宣传福绵区富硒功能农业品牌的金字招牌。福绵区编制了《玉林市福绵区富硒功能农业发展规划（2021—2025 年）》，将围绕"岭南硒谷"田园综合体富硒功能农业科普中心建设集富硒功能农业科普宣传、硒知识宣讲、互动体验、富硒农产品体验及展销、硒元素快速体验于一体的平台，将其打造成广西壮族自治区富硒功能农业重要展示窗口，国家功能农业科技创新联盟也将支持福绵区，积极争创广西壮族自治区富硒主题农业特色产业园，同时，作为广西"桂"字品牌富硒米的代表，对接粤港澳大湾区市场。

（20）藁城（河北）

藁城位于石家庄北侧，富硒土地分布广阔，地势平坦，适宜耕作，是全国知名的产粮地。为充分利用硒资源，有关部门成立专门的富硒产业发展领导小组，统筹推进硒资源变硒产业，推动富硒产业发展，并将富硒产业发展纳入河北省功能农业产业"十四五"发展规划。

截至 2020 年，藁城已建成了 50 余家富硒产品生产加工企业，建设了15 万亩富硒强筋麦、10 万亩富硒大豆、5000 亩富硒秋桃等多个富硒产品生产基地，并成立了藁城区富硒功能农业产业协会，专注于富硒功能农业的发展研究，助力藁城加快硒资源向硒产业的转变发展。

（21）顺平（河北）

顺平县位于河北省保定市，是尧帝故里，位于京津冀腹地，毗邻北京、雄安、保定，是有名的"京雄保后花园"。2021年8月16日，中国地质学会公布全国首批天然富硒认定地块，顺平县5个村共8470亩天然富硒地块获得认定。

顺平县委、县政府为变硒资源为硒产业，就挖掘富硒资源、打响富硒品牌、壮大富硒产业，周密部署、高位谋划。与国家功能农业科技创新联盟、苏州硒谷、中国农业大学专家团队深入对接，谋划全县富硒产业发展及特色产品开发。以"尧帝故里·中华硒谷"为定位，按照"硒+X"产业发展模式，以富硒土壤资源为基础，以富硒食品开发为核心，以富硒农旅融合为延伸，力争打造河北省富硒功能农业产业示范区、京津冀高端富硒产品供应区、全国硒资源变硒产业样板区。

2022年为硒产业发展的突破之年，顺平县联合国家功能农业科技创新联盟共建全国首个硒科技馆，邀请赵其国院士、江欢成院士团队为顾问，该科技馆采用"馆、院、厅、田"一体化设计，形成硒科技创新服务中心、科普展示窗口，辐射带动万亩富硒功能农业产业园区的发展，成为探索功能农业助力乡村产业振兴的重要阵地。

（22）围场（河北）

围场位于河北省北部，拥有"京津冀水源涵养功能区"及"国家现代农业示范区"的美誉。围场利用自身地理位置及气候特点优势，通过特色土壤结合土壤精准改良强化技术，大力发展富硒马铃薯种植业；依托科研机构，以围场马铃薯研究所和围场马铃薯产业服务中心为技术支撑，大力发展富硒马铃薯产业。截至2020年，围场共打造了5万公顷的富硒马铃薯种植区，年产量高达33吨/公顷，产业产值突破23亿元，加快了农民脱贫进程，促进了全面脱贫攻坚战的胜利，因此，获评"全国硒资源变硒产业十佳地区"。

随着河北省编制出台"十四五"全省功能农业发展规划，围场县作为京津冀功能农业的发展代表，将发挥坝上地区独特的农业和旅游优势，开启富硒功能农业的崭新篇章。

（23）西乡塘（广西）

西乡塘区位于南宁市西北部，是南宁市人口最多、面积最大的一个区，拥有广西大学、广西富硒农业研究中心等 29 家科研院校，农业科教资源丰富。西乡塘坐拥 89 万亩的天然富硒土壤，占农用地面积的 82.2%。政府通过编制《南宁市西乡塘区富硒功能农业产业发展规划（2019—2025 年)》，出台《西乡塘区富硒农业发展行动方案》，大力推进富硒产业的发展。

截至 2020 年，西乡塘建成了 2 万亩的富硒产业基地，1209 亩的富硒农业产业示范园，通过结合智慧农业，打造了富硒科技平台。以 2020 年为例，西乡塘区富硒产业年产值超 1.43 亿元，培育了"金起桦""顶哈化"等多个知名富硒品牌，将富硒产业面向全国市场多维度发展，也因此获评"全国硒资源变硒产业十佳地区"。

第二章 富硒农业概况

从农业发展史来看，世界粮食生产正经历从追求高产量、满足人们温饱需求，向追求食物安全、满足人们营养健康需求转变，更均衡、更充分的食物营养摄入才会带给人类更高质量的生活。随着我国居民生活水平的不断提高，居民膳食结构中食盐、动物性脂肪、油脂摄入过多，谷类食物消费偏低，容易诱发肥胖、糖尿病和高血压等疾病，绿色有机的功能农产品消费将进入爆发期。硒是人体所必需的微量元素，适量摄入硒能够增强人体免疫力，预防糖尿病、克山病、大骨节病等多种疾病。人们对食物的需求逐渐从优质与安全转向功能与保健，这为富硒粮食产业发展带来新机遇。

2.1 富硒农作物种植

2.1.1 富硒作物种植

2.1.1.1 富硒稻米

水稻是我国的主要粮食作物，是人体补充各种营养元素的重要食物，水稻硒的生物强化被认为是解决人体对硒元素的需求的最有效途径之一。陈历程等（2002）对全国部分省市 30 个大米样品及江苏 52 个大米样品进行硒含量分析，结果表明，全国部分省市的大米硒含量为 0.011~0.055 mg/kg，平均值为 0.025 mg/kg，江苏省大米硒含量为 0.015~0.056 mg/kg，平均值为 0.035 mg/kg。吕相甲等（2008）对吉林省 60 个大米样品进行分析，结果表明吉林低硒地区大米中的硒含量为 0.005~0.012 mg/kg，平均值约为 0.008 mg/kg。甄燕红等（2008）随机抽取国内部分市场的 92 个精米样品以测定硒含量，精米的硒含量为 0.004~0.111 mg/kg，平均值为 0.029 mg/kg。这说明我国市场所售大米可能普遍缺硒。方勇（2010）的研究表明，华东、华南和西南大米硒含量在 0.02 mg/kg 以下，属于严重缺硒大米，华中地区的大米硒含量为 0.035 mg/kg,恩施所产的大米硒含量比全国市售大米平均硒含量高 22 倍以上,说明非富硒区与富硒区所产水稻中硒含量差异较大。

富硒大米已经成为国内主要的富硒农产品之一,江西、湖北、广西、浙江等省份均已发展富硒大米的种植。江西宜春富硒水稻种植基地大幅增加;湖北恩施现有富硒大米种植基地 100 万亩,所产出的优质富硒大米硒含量可达 0.35 mg/kg;广西宾阳、武鸣、河池、贵港等大米产区的富硒大米生产已初具规模,其中贵港市富硒大米种植面积约 5 万亩,该市创建富硒大米品牌达 20 个,河池市通过打造长寿之乡品牌,富硒大米种植面积约 2.9 万亩,年产量达 8550 吨,并发展出富硒红米、富硒墨米等品牌;浙江省龙游县富硒地带内的 1 万余亩农田均被纳入富硒大米种植区域,复种面积有 1.5 万亩,可实现农业年产值近 2000 万元。同时,建立了"千亩天然富硒绿色大米基地"和"千亩富硒莲子基地"。该地区的主要产品有富硒大米、富硒莲子、富硒莲子酒、富硒蔬菜等,其中"硒莲液"曾亮相中国人民大会堂,龙游建光的富硒蒿菜远销日本。此外,龙游还发展了 100 亩富硒稻田套养鸭子的项目,并在研究如何增加套养的品种。

目前,针对我国市面上销售的多种富硒大米,除了有国家标准,各地方均执行地方标准。例如,江西富硒大米硒含量标准为 0.07~0.30 mg/kg,湖北富硒大米硒含量标准为大于 0.1 mg/kg,广西为 0.15~0.50 mg/kg,陕西安康市为 0.02~0.30 mg/kg。这些现有标准之间差别较大,依照当地硒元素的分布情况制定。

2.1.1.2　其他富硒作物

中国各富硒地区利用丰富的天然土壤富硒资源和生态资源,已成功开发出了纯天然富硒茶、富硒大米、富硒小麦、富硒玉米、富硒大豆、富硒油菜、富硒马铃薯、富硒蔬菜、富硒食用菌、富硒茶油、富硒水果、富硒牧草、富硒饲料等种植业产品,纯天然富硒猪肉、富硒牛肉、富硒家禽、富硒禽蛋、富硒牛奶、富硒水产品等养殖业产品,以及富硒绞股蓝、黄金搭档、新硒宝(锌硒宝片)、富硒康、富硒螺旋藻、安琪酵母硒、硒宝康片、康必咽等富硒保健食品(药品)。此外,利用生物技术(微生物)

的转化代谢发展生态富硒产品、富硒功能性食品，如硒蛋白、硒多糖等也取得了明显进展。根据部分地区的富硒食品及其市场规模，具体分析如下。

（1）江西丰城

江西丰城成立了丰城市泉溪富硒产品有限公司，开发出泉溪牌天然优质硒大米，并已成功注册了商标。江西丰城还实施了一系列富硒农业开发项目，如投资 500 万元的 30 000 亩高标准农田建设项目、投资 190 万元的1280 亩造地增粮工程项目。华英集团投资 3000 万元在富硒开发基地兴建华英樱桃谷鸭种禽场；圣迪乐村生态食品有限公司投资 1000 万元准备兴建现代化重鸡养殖场；上海恒寿堂药业有限公司已在丰城注册御润房富硒油茶开发有限公司，规划拥有高产油茶面积 2 万亩，已签订 5000 亩，其中一期3000 亩已完成炼山整地；珠海农丰进出口有限公司已签订协议，计划逐步开发 5000 亩有机富硒大米和 500 亩雷竹，在丰城已注册分公司；丰城董家富硒绿色蔬菜有限公司计划投资 200 万元建设富硒绿色大棚 100 亩。

（2）湖北恩施

恩施主要的富硒农作物有土豆、玉米、小麦、黄豆、油菜籽、芸豆、大米、花生等，硒含量在 0.3~310.8 ppm。这些作物既可以作为富硒粮食食用，也可以作为富硒新产品的原料，还可以进行深加工，提取硒蛋白和重要的原料。除上述产品的开发以外，还有富硒中草药（绞股蓝、黄芪、西洋参、灵芝、丹参，枸杞、天麻等）、富硒食用菌、富硒麦芽、富硒豆芽、富硒酵母、富硒蜂蜜，富硒矿泉水等产品。一大批富硒食品、保健食品已走进国内市场，此外，还有大量产品如魔芋、蘑菇、薇菜、莼菜等已畅销日本、韩国及东南亚国家。

（3）陕西紫阳

紫阳富硒产品主要有茶叶、柑橘、厚朴、蚕桑、杜仲、山野菜等，且在全国久负盛名。紫阳富硒茶在唐朝曾作为贡茶供宫廷享用，在清代紫阳毛尖茶已成为全国十大名茶之一享誉全国，2004 年 10 月，国家质量监督检验总局向全国发布公告，紫阳富硒茶是获得国家原产地产品保护的农产品。经测定，紫阳茶叶硒含量平均值为 0.7387 ppm，比安徽郁红茶高 8.3 倍，比杭州龙井茶高 8.4 倍，比日本绿茶高 2.8 倍，比肯尼亚红茶高 8.8 倍，优势十分显著。紫阳富硒茶自投放市场以来，连续获得国际国内 20 多项大奖，被誉为 21 世纪健康佳品和绿色保健饮料。此外，紫阳的厚朴、魔芋、蚕桑、柑橘产业发展较快，已建成标准化厚朴基地 10 万亩，魔芋基地 3 万亩，桑园 9.7 万亩，果园 3.03 万亩；利用富含硒的土壤栽培的秦巴硒菇，集美味、保健、药疗于一体，远销日本市场。

（4）贵州开阳

开阳县已开发出了以富硒大米为主，包括富硒面条、富硒茶叶、富硒烟叶等在内的一系列特色产品，形成了开阳富硒农产品的品牌效应。以现有的 69 个无公害农产品生产基地为基础，现已开发出了"开洋"牌富硒米、"开洋"牌二级精炼菜籽油、"南峡"牌富硒肉制品、"南贡"牌翠芽茶、"铜鼓坡"牌百花富硒碧芽茶、"老公山"牌竹叶香茶、"小家碧玉"富硒茶、"牧禾"牌禽蛋和"贵农"牌低胆固醇鸡蛋等系列农产品。富硒米、富硒油、富硒肉、富硒鸡四大产品和富硒茶叶等 10 个产品获"贵州省名牌农产品""中国绿色食品"称号，"贵农"牌低胆固醇鸡蛋获贵阳市"十大乡土特色"称号，百花富硒碧芽茶荣获第十四届上海国际茶文化节名茶评比金奖。

（5）湖南新田

新田县发展富硒农产品种植示范基地 60 100 亩，形成了以新圩有机稻、陶岭有机玉米、莲花有机蔬菜、金盆圩油茶等为代表的连片富硒经济作物种植基地，全县已建成莲花富硒果蔬产业园、县城富硒农产品加工园、新圩硒锶循环农业生态产业园等三大硒产业园，上规模的富硒农产品生产企业（或合作社）达 36 家。富硒农产品"陶岭三味辣椒"已获国家质量监督检验检疫总局认证，"新田富硒大豆"已通过省级初审。此外，该县成功注册"富硒薪田""硒锶薪田"两个商标，宏旺菌业专业合作社、富林富硒食品公司获得质检部门 QS 认证，"宏旺菌"获得有机食品称号，恒丰米业的"湘将硒"牌米获得优质有机稻认证。

2.1.2 作物富硒机制研究

在许多富硒植物中，硒主要以有机硒的形式存在，这种硒生理活性高，最易被人体有效吸收，所以最为安全有效的补硒方法是生物源补硒。富硒蔬菜不仅有营养、能治疗缺硒性疾病，而且价格较补硒保健品经济实惠。通过进食富硒蔬菜增加饮食中的硒含量，解决人体的硒缺乏，可预防矿物质补充剂诱导过量硒摄入的风险。大量研究证实，可以适当地向土壤施加硒或向叶面喷硒，通过植物转化产生含量较高且人体所需要的有机硒，这种方法对动植物都大有益处。此外，吸收适量的硒对蔬菜也是有利的，可促进种子萌发、调节植物生长、增强蔬菜抗性、改善蔬菜品质。

2.1.2.1 植物富硒的方法

（1）植物对硒的富集

大量实验表明，植物从土壤和空气中通过根系和叶片吸收硒，土壤中的硒是植物吸收利用的主要来源。植物从土壤和空气中吸收硒并将其分别转化为氨基酸和蛋白质连同水溶性无机硒输送到植物的各个器官进行存储。这种富集硒的方式随植株发育而改变，不同植物种属对硒的吸收、运输、存储方式不同。根部可吸收亚硒酸盐、硒酸盐和有机硒化合物，但对四价硒和六价硒的吸收途径不同，四价硒由根细胞质膜上的有高亲和力的硫酸盐转运蛋白运输，而六价硒由磷酸盐转运蛋白运输。六价硒在根部可以快速转化为有机硒化合物，而四价硒则先进入木质部，然后转移到地上部分并被转化为有机硒化合物，进而在植物体中进行与硫分配类似的再分配过程。植物对硒吸收和硒转化的效果受品种、施硒时期、施硒浓度、施硒部位、施用硒的频率等影响。此外，不同种类的蔬菜生理功能各异，其吸收转化硒的能力也有所不同；同一类植物的不同品种，硒富集能力也有差别。

蔬菜的硒含量及营养品质主要受到外源硒的种类、施硒方式和硒肥用量的影响。因为硒氨基酸的成本较高，硒粉被生物利用的效率较低且容易造成土壤生态环境污染，所以常用的外源硒主要为硒酸钠与亚硒酸钠。施用硒肥的方式包括土壤肥料添加、叶面喷施、硒肥拌种（或浸种）及硒肥水培。其中，叶面喷施硒肥可以明显提高蔬菜的含硒量，而且比土壤肥料添加施硒的方法更为有效，并节约硒的用量，结合其他叶面肥的使用可以显著提高蔬菜的生物量及改善营养品质。硒肥拌种（或浸种）的方法同样能够提高农作物的硒含量，但这种方式对硒的需求量比较大，如小麦拌种方式所需的外源硒量大约是叶面喷施条件使用量的 20 倍。

（2）植物对硒的有机化途径

植物吸收土壤中的无机硒（硒酸盐和亚硒酸盐以及硒化合物）主要通过根系，然后由木质部和导管将其转运到叶片的叶绿体中，在叶绿体内被还原，形成硒代氨基酸，再生成蛋白质。在这个过程中，起主要作用的酶有 ATP 硫酸化酶、NADPH 还原酶、GSH 还原酶。ATP 硫酸化酶起到活化硒酸盐的作用，且生成硒腺苷酸；谷胱甘肽 - 亚硒酸盐在 NADPH 还原酶和 GSH 还原酶作用下，还原为硒代二谷胱甘肽和硒代谷胱甘肽。在胱硫醚 - γ - 合成酶、胱硫醚 - β - 裂解酶（CBS）和蛋氨酸合成酶（MS）的作用下，硒化物和氢硒化物最终合成硒代蛋氨酸、硒代半胱氨酸等重要的中间小分子产物。硒代蛋氨酸和硒代半胱氨酸可作为跨膜转运物质参与硒蛋白、硒多糖、硒核糖核酸等的合成。具体过程是：硒代半胱氨酸可在硒代半胱氨酸甲基转移酶（SMT）的作用下生成甲基硒代半胱氨酸（MeSeCys），进而被氧化成有机硒氧化物，将叶片中无机硒转化为有机硒。植物不能直接吸收金属硒化物和胶体硒化物，其吸收硒酸盐和亚硒酸盐的方式各不相同，吸收的硒酸盐由磷酸盐转运蛋白、导管转移到地上部分，然后被同化为有机硒化合物，进而被分配到植物体各器官，硒在植物体内的有机途径如图 2-1 所示。

2.1.2.2　影响蔬菜富硒的因素

（1）植物自身因素

植物根部活性点位对不同形式硒化合物，如硒酸盐、亚硒酸盐的吸收过程不同。Asher 用 ^{75}Se 同位素示踪法和色谱法发现，硒以硒酸根离子形式在

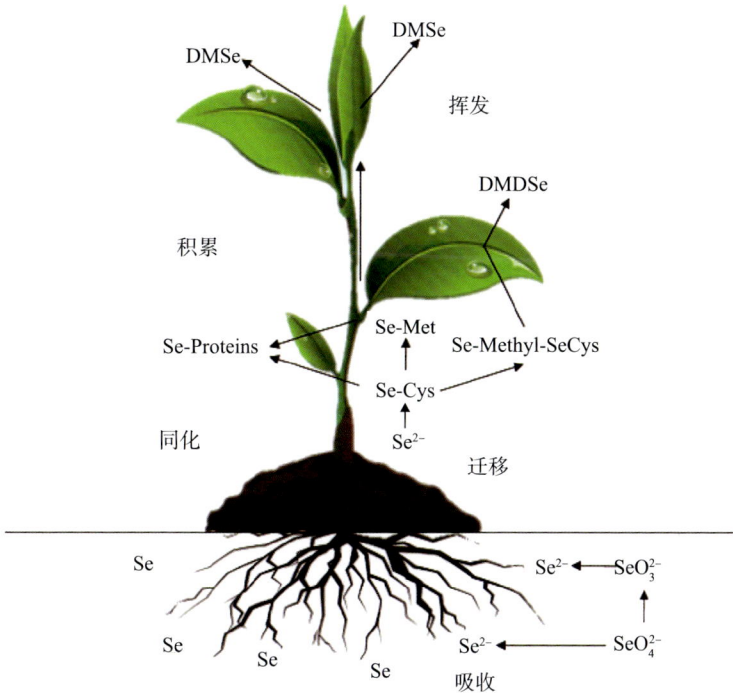

图 2-1　硒在植物体内的有机途径

植物中转移。对植物施加亚硒酸盐，其根部会吸收并将其转化为硒酸盐和其他形态的硒化合物，再转移到叶片，然后进一步转化为有机硒。植物根部对土壤中不同价态的硒有选择吸收的能力，因为土壤中 Se（Ⅵ）是依赖细胞膜上的硫转运体进入植物体内的，该过程是逆电化学势梯度的需能过程；而植物根部吸收 Se（Ⅳ）不受细胞膜载体的调节，也不需要能量；但在转运过程中，Se（Ⅳ）先转化为 Se（Ⅵ）和有机硒化合物，大部分转移到根部，小部分转移到枝叶，此过程需要根部呼吸以提供能量。

　　不同种类的植物对硒的吸收能力及硒浓度最适范围不同，一般植物中，十字花科植物积累硒的能力最强，其次是豆科植物，谷类植物最低。同一植物不同器官的硒含量差异也较大。蔬菜的非可食用部位硒含量最高，并在种子成熟期，大部分可溶性硒转移到豆荚、种子中。总体来说，植物体内无机硒含量少，主要以 Se（Ⅳ）形式存在。大部分为有机硒，其中以蛋白硒为主。李登超等以小白菜为研究对象进行试验，发现硒浓度小于 1.0 mg/L 时，会促进小白菜生长，但超过 2.5 mg/L 时会抑制其生长。有研究发现，蔬菜中的富硒量大小顺序为：葱蒜类、白菜类、绿叶类、茄果类。同种蔬菜不同部位的富硒量也有差异，分布顺序为：根、叶、茎。

（2）外部因素

除植物自身吸收和存储能力外，外部环境也会影响植物吸收硒。主要有以下因素：①土壤 pH 值和 Eh 值的高低。Haygarth 等发现土壤 pH 值为 6.0 时草叶类植物可吸收 47% 的硒，当 pH 值为 7.0 时，可吸收 70% 的硒。②土壤黏度和有机质含量。Johson 发现植物在沙质土中对硒的吸收最多，随黏土含量增加而减少。③土壤硒总量和有效态硒含量。一般情况下，当土壤硒总量和有效态硒含量高时，可以使植物吸收和存储更多的硒。但在土壤硒总量并不很低，而有效态硒含量很低的环境中，植物吸收和存储硒的含量也很低。④共存元素协同和拮抗作用。硒可以拮抗其他重金属对植物的毒害，如硒可以拮抗汞、铜、镉、铬、锌等引起的毒性，进而增强植物对重金属和生理逆境的抵抗力。硒拮抗其他重金属的机制与硒的化学性质和生理活性有关，在土壤中硒与重金属反应生成难溶于水的沉淀，故降低了植物对重金属的吸收。郁建锋等发现：当硒浓度低于 1.0 mg/L 时能减轻铅的胁迫效应，当浓度为 10.0 mg/L 时与铅表现为协同作用，加剧对豌豆幼苗的毒害作用。Shanker 等对萝卜的实验说明向土壤（含有氯化汞）中施加亚硒酸盐后，萝卜对汞的吸收会减少，其机制可能是由于硒和汞的作用形成硒化汞，进而抑制了萝卜对汞的吸收。⑤天气和气候。春季雨水丰富、阳光充足、温度适宜，更有利于植物根系生长和硒肥溶解于土壤，从而促进根系吸收土壤中的硒元素和植物进行光合作用。⑥植物栽培方式。通过对土壤施用硒肥来栽培植物，这种方法的富硒效果不明显，而且测得的各组植物硒含量偏差大；水培法则可以通过在植物营养液中施加低浓度的硒以获得较高的硒含量，且可以在短时间内得到大量富硒蔬菜；在等量施加硒肥的条件下，向叶面喷硒的植物硒含量远远大于土壤施硒，高达 20 倍以上。综合考虑各种因素，得出向叶面喷硒是较适中的方法。

近些年富硒果蔬及相关农产品逐渐受到国内外市场的青睐，各科研基地纷纷开展了对富硒果蔬的研发与应用。国内富硒蔬菜发展较好的地区有：江西省丰城市、湖北省恩施州咸丰县、湖北省襄樊市、山东省寿光市等。已经产业化的富硒蔬菜有白菜、生菜、萝卜、西红柿、洋葱、大蒜、油菜、莴苣等。富硒植物的开发利用需要多学科多部门协调合作，多领域共同完成。此外，不同营养物质之间的协同拮抗作用也会影响硒的吸收。高脂肪饮食能阻碍硒的吸收，导致硒生物利用率低。但高蛋白饮食可降低因硒摄入量过高而引起的毒性。因此，在政府加大力度扶持富硒产业的同时，政府和相关科研单位也需向大众普及科学补硒和安全补硒的知识，使大众能够合理选择富硒产品来保持自身健康。虽然现今富硒蔬菜已经被重视，且在多地形成了规模化的农业栽培体系，但是我国对于富硒蔬菜还没有统一的质量标准和生产标准。因此导致富硒产业市场混乱，阻碍了富硒产业的持续健康发展。除此之外，市场也需要对富硒产品加大监管力度。更有实验证实，有些售卖的富硒产品的硒含量低于食品安全国家标准《预包装食品营养标签通则》（GB 28050—2011）中对富硒含量的要求，所以亟待制定富硒产品国家标准和加强市场监管，以此来保障消费者通过食补安全补硒。

2.2 富硒食品

富硒食品是指富含微量元素硒的食品。《中华人民共和国食品安全法》（2009年）将食品定义为"各种供人食用或者饮用的成品和原料，以及按照传统既是食品又是中药材的物品，但是不包括以治疗为目的的物品。"食品的生产、销售应当依法取得许可，所有食品须按食品安全标准检验合格后方可出厂销售。我国富硒食品产业起步较晚，目前仍处在由硒的初级资源向人工富集有机硒食品的开发阶段。随着科技的发展，我国富硒食品的种类日益增多，特别是农产品居多。

高蛋白食物硒含量一般比较高，如海鱼、海虾、牛肉、羊肉、猪肉、动物肾和肝及蛋类。硒含量比较高的蔬菜有蘑菇、芦笋、大蒜、西兰花、胡萝卜等。大米、大麦硒含量虽低，但每日食用量大，作为三餐主食的话也能摄入 10 μg 左右，此外，豆类硒含量要比五谷杂粮高些。十字花科蔬菜的防癌抗癌作用尤为突出，如卷心菜、西兰花、大白菜、小白菜、青菜、油菜、西洋菜、芥菜、萝卜等。

海水的硒含量比淡水的高。目前居民饮用水主要是经过处理的淡水，其中硒含量由多到少依次是矿泉水、自来水、纯净水。自然产生的食物中硒含量往往是不稳定的，受到多种因素的影响。例如：①受食物品种的影响，水产类、动物肾脏类和谷类中硒含量较高，而日常蔬菜和水果中硒含量偏低（表2-1至表2-3）；②受食物来源的影响，土壤硒含量的不同会导致不同区域食物中硒含量存在较大的差别；③食物在后期加工过程中也会产生硒损失，如烹饪过程中的高温会使硒挥发或流失，造成深加工食物中硒含量缺失。

表2-1　蔬菜类食物中硒的含量

品种	硒 /（μg/100 g）	品种	硒 /（μg/100 g）
木耳菜	2.60	红菜苔	8.43
大蒜（紫皮）	5.54	白菜苔	6.68
飘儿菜	3.40	鲜龙牙菜（玉豆）	5.60
胡萝卜	2.80	蘑菇	10.00
毛豆（青豆）	2.48		
西兰花	4.00		

表2-2　豆类、果仁中硒的含量

品种	硒 /（μg/100 g）	品种	硒 /（μg/100 g）
炒南瓜子	27.03	蚕豆	4.28
红花豆	19.05	花生仁	3.94
虎皮芸豆	9.75	北豆腐	2.62
花豌豆	9.72	南豆腐	1.55

品种	硒 / (μg/100 g)	品种	硒 / (μg/100 g)
黄豆	6.16	绿豆	4.28
红芸豆	4.61		

表 2-3 畜禽产品中硒的含量

品种	硒 / (μg/100 g)	品种	硒 / (μg/100 g)
猪肉（瘦）	9.50	鸭肝	52.27
牛肉（瘦）	10.55	火鸡肝	36.00
鸡胸肉	10.50	鸡肝	38.55
羊肉（瘦）	7.18	白皮鸡蛋	16.55
猪肾	111.77	红皮鸡蛋	14.98
牛肾	70.25	鹌鹑蛋	25.48
牛奶	1.30	去脂奶粉	24.30

2.2.1 富硒食品市场

我国有 70% 地区缺硒，因此从全民补硒的角度来讲，我国需要补硒的人群在 70% 以上，即 9.7 亿人需要补硒，按照膳食摄入量计算，全民每年需要补硒 18 835 吨。各地富硒农产品产值可观，湖北恩施州的硒产业年产值在 500 亿元以上，陕西安康地区的硒产业年产值在 700 亿元以上。此外，安徽、广东、福建、陕西、广西、重庆、青海等省份都在大力发展富硒产业。目前，富硒功能性食品从技术发展的角度可分为三类：天然富硒食品（如富硒茶、富硒矿泉水），添加强化硒的富硒食品（如乳饮料、乳制品、豆奶、饼干等）和人工转化的富硒食品（微生物转化法生产、植物转化法生产、动物转化法生产）。

从产业链的角度来看，富硒功能性食品主要分为上游产业（硒的转化、提取及合成)、中游产业(普通富硒食品和富硒保健品)、下游产业(硒的检测、保存及包装)。当前硒产业处于快速发展阶段,富硒食品的各项政策标准也在不断完善,食品技术研究主要集中在硒的提取制备和富硒功能性食品的生产上,对于硒的检测与保存研究较少。在富硒食品加工布局中,应重点以富硒示范基地出产的富硒农产品为基础材料,同时,结合食品营养强化等技术手段,围绕富硒水果、富硒水稻、富硒蔬菜、富硒特色产品等产业集群,进行富硒食品的产业提升,大力发展富硒蔬果产品、富硒饮品、富硒康养食品、方便食品等科技含量高、附加值高、营养价值高的富硒产品。

富硒绿色产品产业涉及第一、第二、第三产业,与城乡居民的生产生活关系非常密切,发展前景直接影响"三农"长远利益。富硒绿色食品加工产业的发展促进了农业产业经营和农村经济的发展,促进了农产品加工转化增值,带动了农业的发展和农民的增收,已成为吸纳农村剩余劳动力的主渠道之一。因此,产业链的互动效应实际上就是城乡互动问题。富硒绿色食品加工产业的互动理念是:坚持以市场需求为导向;坚持生态农业产业化经营;坚持科技投入,促进技术创新;坚持质量标准和安全生产;坚持循环经济的可持续发展;坚持优化产业布局、调整产业结构、整合资源要素;坚持引进联合、互利双赢;鼓励多种经济成分共同发展,加快民营企业的发展,改善富硒绿色食品加工产业的投资环境;培育和引导食品加工企业向集约化、专业化、国际化方向发展。

富硒食品产业仍处于起步阶段,整体规模不大。目前,我国富硒食品产业主要存在以下问题:①食品同质化严重,缺乏长远规划;②生产技术装备落后,食品品质不高;③政府政策引导不够,标准体系亟待完善;④资金投入不足制约了富硒食品科技的创新与开发;⑤全民健康补硒意识薄弱,人们对缺硒的危害性认识不足。

此外,目前富硒食品价格昂贵,是普通产品的2~10倍,尚未普及到大众的餐桌,因此降低富硒食品生产成本,优化富硒食品生产工艺将是今后的发展任务。利用高新生物技术、纳米技术等深加工富硒食品,生产高安全性、低毒性、高效清除自由基、高生物利用率的富硒产品将成为一种发展趋势。海洋中的硒资源丰富，利用高新技术加工利用海洋硒资源也是一个潜在的研究方向。

发达国家富硒农业发展较早，除传统富硒农作物产品外，在美国、日本、韩国、马来西亚、澳大利亚等国家，纯天然富硒产品如富硒牛奶、富硒猪肉、富硒鸡蛋等均已成功上市。美国研制开发了纯天然富硒果汁、富硒牧草、富硒奶，澳大利亚研制开发了纯天然富硒小麦、富硒啤酒、富硒饼干、富硒牛肉干等。

2.2.2 富硒食品技术

第一类富硒产品（也称第一代硒）：指的是亚硒酸钠、硒酸钠等，它们是一种含硒的盐，属于无机硒，它是国内 20 世纪 80 年代以前的主要补硒产品。

亚硒酸钠是工业金属冶炼中的衍生产品。硒与硝酸反应生成氧化硒，再与氢氧化钠作用生成亚硒酸钠。1969—1972 年，中国医学科学院用硒产品治好了久治不愈的克山病，其在最早的缺硒地区发挥过重要作用，而后又用喷雾技术将其加入食盐中生产出含硒盐。然而，科研人员后来发现，亚硒酸钠有较大的副作用且人体吸收率较低，现已被限制食用。

第二类富硒产品（也称第二代硒）：指的是富硒酵母、硒化卡拉胶、富硒食用菌粉等，属于有机硒，其代表产品是富硒酵母。它是 20 世纪 80 年代后期在市场上出现的补硒产品。

富硒酵母是将筛选出的对硒能耐受的优质啤酒酵母菌种，接种到含有亚硒酸钠的培养基中进行培养，酵母生长时吸收利用了硒，硒以氨基酸的形式自然结合到酵母细胞蛋白物硒而得到富硒酵母。为了去掉有可能残留的亚硒酸钠，得到的硒酵母产品要水洗多次，把富集在细胞外的无机硒洗干净，合格产品不应被检测出有残留的无机硒，并用甲基蓝褪色方法验证。

富硒酵母中的硒主要以硒代蛋氨酸的形式存在。与第一代硒产品比较，第二代硒产品无毒副作用，直接食用是安全的，硒含量和吸收利用率都比第一代硒产品高，其提高血硒水平的能力远大于无机硒（亚硒酸钠），抗氧化能力也比无机硒强。它不仅直接用于补硒，还广泛用于保健食品、饲料中。

第三类富硒产品（也称第三代硒）：指的是植物活性有机硒产品。它是指农作物在经过富硒技术改良的土壤中吸收硒元素，经过光合作用和农作物体内生物转化的作用，把硒元素转化成人体易吸收和易代谢的硒代氨基酸等。据报道，中国科技大学的有关专家通过这种方法研制出的富硒产品人体吸收率高达 99%，既满足了人体对硒元素的需要，又解决了硒在体内吸收率和代谢率低的难题，而且没有毒副作用。

现已开发的植物活性有机硒产品的技术特点如下：①充分发挥了农作物的定量富硒技术，通过多个技术环节对农作物体内的硒含量进行正确控制从而实现对人体定量补硒，这是一个重要的技术和创造。②是一种纳米生物活性技术，纳米硒是近年来发现的一种新的高效安全的硒形态。它因为具有独特的物理和化学性质，生物利用率高，活性好，有望成为新型的营养补充剂和治疗药物。在农作物根部施硒肥采用纳米技术，提高了农作物吸收硒的活性，也有易于人体吸收和代谢。③具有靶向技术特征，针对不同的农作物根部吸收特点，在提供高农作物根部和硒元素亲和力的同时，减少或消除重金属在农作物体内的富集。目前，植物活性有机硒的产品有富硒玉米粉、富硒大米、富硒小米、富硒杂豆、富硒西兰花等。

富硒功能性食品分为普通富硒食品和富硒保健品。普通富硒食品从形态上来看，主要分为谷类食品、调味品、饮品、奶/乳制品等，其中以谷类食品最为普遍。富硒保健品主要从功效进行分类。主要分为防癌、增强免疫力、抗疲劳、抗衰老、降血压降血脂、增强肠胃功能等。产品对象涉及儿童、青少年、中老年。

目前，我国的普通富硒食品已涉及乳饮料、乳制品、矿泉水、豆奶、饼干、谷物及其制品、饮料（酒）、花茶、维生素制剂和食盐等各类食品。值得说明的是硒的需要量与中毒量之间的范围较窄，用硒强化剂开发硒强化品时，必须接受省级相关部门的指导，并遵守相关标准的规定（表 2-4）。

表2-4 食品中硒限量标准

品种	指标 /（mg/kg）
粮食	≤ 0.30
豆类	≤ 0.30
蔬菜（包括薯类）	≤ 0.10
肉类（畜、禽）	≤ 0.50
肾	≤ 3.00
鱼类	≤ 1.00
蛋类	≤ 0.50
鲜奶类	≤ 0.03
奶粉	≤ 0.15

富硒功能性食品主要通过添加硒强化剂实现富硒，也称直接富硒法，即在食品中添加硒化合物，从而提高食品的硒含量。天然食物中所含的有机硒在食物加工过程中易受热分解，在最终制成的食品中硒含量仍有不足的情况。

因此，经过精加工的食品可以通过添加硒强化剂以制得硒强化食品，以便通过日常膳食达到补硒的效果。目前，市面上常见的硒保健品以含硒补充片为主，产品结构单一，与常用食品结合性较差。硒营养强化食品市场仍是一片空白，仅有一些研究报道。有研究将L-硒-甲基硒代半胱氨酸制成固体分散体应用于牛奶中，为硒强化牛奶的开发提供了前期理论基础。富硒面包和富硒饼干主要通过加入富硒酵母从而提高产品中的硒含量，但因生产成本、消费渠道等问题在市面上销售的还较少。

目前，国内的硒强化剂包括无机硒强化剂和有机硒强化剂两类，无机硒强化剂主要有亚硒酸钠和硒酸钠；有机硒强化剂主要有富硒酵母、硒酸酯多糖（硒化卡拉胶）、硒蛋白（表2-5）。

表 2-5　我国允许使用的硒强化剂

硒强化剂	种类
无机硒强化剂	亚硒酸钠、硒酸钠
有机硒强化剂	富硒酵母、硒酸酯多糖、硒蛋白

亚硒酸钠为无色结晶，易溶于水，是目前用途最广泛的硒强化剂，常作为硒源补充人体硒，也是目前最常用的畜禽饲料硒源补充剂。由于它具有抗癌、抗氧化、保护机体免受活性氧自由基损伤等生物功能，因此常作为食品添加剂用于保健食品的开发，还常用于无机硒向有机硒的生物转化生产中，如将其作为硒源生产富硒酵母、富硒麦芽、富硒蛋、富硒蔬菜等。

硒酸酯多糖是一种新的有机硒化合物。它是硒与天然海洋植物产物 Kappa-卡拉胶半合成的一种生物活性多糖。Kappa-卡拉胶是一种海洋中的红藻胞壁多糖，具有较强的抗病毒功能。硒酸酯多糖是将硒取代了硫酸酯多糖中硫的位置，使硫酸酯形成硒酸酯。因此，硒酸酯多糖这种硒的有机化合物除了具有生物利用率高、硒与多糖优势互补、化学性质稳定等特点外，与同类产品相比还具有以下特点。①硒含量高和无异味，硒酸酯多糖的硒含量可高达 50~100 mg/g；②无毒，经毒性试验检测，ED50 测不出，WIC > 16 g/kg，属无毒物质；③易吸收，因其水溶性、稳定性较好，可促进机体吸收；④抑瘤活性高，经国家医药权威机构检测证实，硒酸酯多糖具有较强的抗肿瘤功能，抑瘤率达 70%；⑤用途广泛，硒酸酯多糖除了因含有人体必需的有机硒可用于开发系列保健食品之外，还具有 Kappa-卡拉胶的黏性、凝固性，可广泛用于食品、医药、日化等领域。

硒蛋白是从富硒植物中提取的富硒蛋白质。一般把以含硒半胱氨酸形式掺入到多肽链的蛋白质称为硒蛋白（Selenoprotein），而把其他结合硒的蛋白质称为含硒蛋白，有时为表达方便也把含硒蛋白称为硒蛋白。硒酵母是酵母在适量硒元素的存在条件下经发酵、生长后生成的酵母菌。鲜活的酵母细胞在生长过程中吸收硒元素后经生化反应转化为硒代蛋氨酸的结合形态。硒代蛋氨酸天然存在于一些食用植物的蛋白质中，具有很高的生物活性。

《食品安全国家标准 食品营养强化剂使用标准》（GB 14880—2012）中明确规定亚硒酸钠、硒酸钠、硒蛋白、富硒食用菌粉、L-硒-甲基硒代半胱氨酸、富硒酵母可作为营养强化剂用于调制乳粉、含乳饮料、面包、饼干等食品中。无机硒强化剂具有硒含量高和价格低廉的优点，但无机硒强化剂（如亚硒酸钠）的吸收率和生物利用率不理想，其生物有效性低，无机硒毒性较大，中毒量与需要量之间范围小，因而被严格限制使用。发达国家已不用简单的无机盐作为硒的营养补充剂，目前日本、美国等发达国家已经禁止在食品中添加亚硒酸钠等无机硒。同无机硒强化剂相比，有机硒强化剂的毒性小，其吸收率和生物利用率高，但硒含量低、价格高和用量大（表2-6）。

表2-6 硒酸酯多糖与其他硒强化剂的性能比较

硒强化剂	类别	形状	味道	硒含量	注意事项
硒酸酯多糖	有机硒强化剂	淡黄色粉末	无味	2.00%~10.00%	无
富硒酵母	有机硒强化剂	褐色粉末	臭味	0.03%~0.30%	痛风患者慎用
亚硒酸钠	无机硒强化剂	白色结晶	无味	45.00%	无机硒强化剂毒性大

利用富硒地区硒资源开发生产天然富硒食品，尤其是开发天然有机硒保健食品，已成为目前我国富硒保健食品开发的重点。将天然富硒的植物经科学加工而制成的富硒保健食品，其中所含的硒大多数为有机硒，一般颇具地方特色，我国富硒地区食品加工企业目前主要采用这种方式生产富硒保健食品。其中，富硒大蒜提取物是以恩施盛产的富硒大蒜为原料生产的一种富硒蛋白，产品中有机硒含量在30~100 μg/g，可广泛用于医药、食品和化妆品产业，也可制成富硒大蒜胶囊等产品投放市场。其他天然富硒保健食品有富硒天麻微粉、富硒绞股蓝微粉、富硒营养玉米乳粉、富硒刺梨汁、富硒党参酒、富硒烟、箬叶硒多糖口服液、富硒绿豆茶等。

2.3 富硒产品检测

2.3.1 植物中硒化合物的提取

植物体中硒大部分以生物活性大分子如蛋白质、核酸和多糖结合形式存在，因此实现硒形态分析的前提是要将这些硒化合物从植物体中有效提取出来。必须要在高效提取硒化合物的同时，有效保证易分解化合物的形态学稳定，使其保持原有形态不变，这就使得其前处理方式要比检测硒含量总量时所用的前处理方式要求更高。

硒蛋白的提取就是把植物体中以各种形式存在的硒蛋白分离出来，使其成为合适的分析形式，目前提取硒蛋白常用的方法有超声辅助提取法、微波辅助法、碱提法、酶提法和 Osborne 分级分离法等。李瑶佳利用 Osborne 分级分离法依次使用 75% 乙醇、0.5 mol/L NaCl、二次去离子水和 0.1 mol/L NaOH 分别对苦荞籽粒的醇溶性、盐溶性、水溶性和碱溶性硒蛋白进行提取，其间对样品与提取溶剂混合物在 40℃ 条件下超声两小时，使用同一溶剂连续提取两次，将提取液合并后离心 10 min（转速 4000 r/min），上清液使用 0.45 μm 微孔滤膜过滤，过滤液加入硫酸铵至饱和，低温析出蛋白后，二次离心取沉淀透析，透析液减压浓缩后使用去离子水定容，会依次得到醇溶性、盐溶性、水溶性和碱溶性硒蛋白待测液，通过测量其蛋白含量和硒含量，最后成功将苦荞籽粒中 80% 以上的硒转化为蛋白结合形态。秦冲等使用微波辅助法对富硒小麦中的有机硒进行提取，使用美国 CEM 公司的 MARS 微波消解系统，加入蛋白酶 XIV 和超纯水进行微波萃取，萃取液离心后过水性滤膜，并使用 HPLC-ICP-MS 进行了硒形态检测，成功分离出富硒小麦中亚硒酸盐 [Se（Ⅳ）]、硒酸盐 [Se（Ⅵ）]、SeMet、SeCys$_2$ 4 种硒形态。王欣等对比使用了蛋白酶 K 和蛋白酶 XIV 分别提取富硒玉米中的硒形态，发现使用蛋白酶 XIV 时，SeMet 提取效果最佳，通过优化蛋白酶 XIV 提取条件，摸索出 37℃、7 h 为最佳酶解条件，在富硒玉米中成功提取分离出 Se（Ⅳ）、Se（Ⅵ）、SeMet、SeCys$_2$、SeUr、SeEt 6 种硒形态，并利用此方法测定了富硒大米、富硒酵母、富硒茶叶和富硒灵芝孢子粉等多种含硒功能食品中的硒形态。

植物中硒多糖的提取一般先要将植物体粉碎，然后使用甲醇、石油醚等有机溶剂将已经粉碎的样品进行脱脂脱酮干燥，再使用超声、蛋白酶或者微波进行样品的二次辅助破碎，最后使用弱碱进行硒多糖的粗提取，提取后使用 Sevga 法、三氟三氯乙烷法或三氯醋酸法进行粗多糖纯化，去除杂蛋白，再通过透析除去其他小分子杂质。WANG L 在 2019 年对中国贵州刺梨果实中的硒多糖 RTFP-3 进行了提取，使用试剂盒得到粗提多糖 5 mL，并依次用蒸馏水和 NaCl 洗脱，之后透析得到多糖混合物，使用 Vc 还原后再次透析，使用电感耦合等离子体原子发射光谱（ICP-AES）检测最终透析液，得到纯化的 RTFP-3 硒多糖。硒核酸在植物中含量少，分离纯化难度大，一般提取方法是使用试剂盒粗提核糖核酸，使用氢化物原子荧光法检测其中是否有硒，然后使用高效液相色谱（HPLC）等色谱技术进一步纯化分离。

对小分子硒形态一般采用无机提取法和酶解法。无机提取法指依次使用去离子水、酸和盐提取植物样品中的硒酸根（SeO_4^{2-}）、亚硒酸根（SeO_3^{2-}）及水溶性硒代氨基酸。酶解法目前应用最多，常用于酶解的蛋白酶有蛋白酶 XIV、蛋白酶 K、蛋白酶 E 和胃蛋白酶等，这些蛋白酶会将硒蛋白中的蛋白质肽键酶解，硒代氨基酸会被分离出来，相比于无机提取法，酶解法相对温和，硒形态不易被破坏。Gergely 使用蛋白酶 XIV 对杏鲍菇中的硒蛋白进行了酶解，得到硒代氨基酸，并进一步通过利用超声浓缩技术缩短了提取硒代氨基酸所需的时间。这种方法在后期得到了普遍应用，将杏鲍菇中的硒蛋白提取率由 73.68％ 提升到了 86.04％，该方法对时间进行了优化，不仅缩短了实验周期，而且避免了提取时间过长导致的硒形态改变。

2.3.2 植物中硒化合物的分离与检测

植物中硒形态定性和各形态定量的前提是通过实验手段有效将植物硒提取液进行处理，使各组分实现时间和空间上的分离，再采用灵敏度高的检测器进行定性定量分析。目前，常用的硒形态分离手段有排阻色谱（SEC）、毛细管电泳色谱（CE）、离子交换色谱（IEC）和气相色谱（GC）。经色谱分离后，需要进一步进行硒形态检测，往往选用元素专一性强、线性范围宽、检测限低的检测技术，如紫外－可见光分光光度计（UV）、质谱（MS）、原子荧光光谱（AFS）等，这些技术可以有效排除植物中结构相似但不含硒的化合物。随着分析领域仪器设备接口技术的提高，目前出现许多联用技术，已经不需要人工进行硒形态分离后再检测，而是直接将高选择性的分离色谱技术和高灵敏度的光谱检测技术连接，常用的联用分析方法有高效液相—电感耦合等离子体质谱（HPLC-ICP-MS）、毛细管电泳—电感耦合等离子体质谱（CE-ICP-MS）、高效液相—氢化物发生—原子荧光光谱（HPLC-HG-AFS）、高效液相—电喷雾质谱（HPLC-ESI-MS）、高效液相—电感耦合等离子体原子发射光谱（HPLC-ICP-AES）和 X 射线衍射技术（XRD）等。

2.3.2.1 分光光度法

UV 仪器稳定，操作简单，实验要求相对较低，分析速度快，成本低廉。但此检测方法用于硒形态检测时需要显色剂与硒结合，产物经过分离浓缩后才能使用。UV 只用于无机硒含量测定，无法测定有机硒形态，因为在酸性条件下 Se（Ⅳ）可以与显色剂结合，从而产生光吸收。常用的显色剂有 4-硝基邻苯二铵、3,3- 二氨基萘、结晶紫和罗丹明 B 等。叶林等使用 UV 检测海产品中的硒，实验条件是 4- 硝基邻苯二铵和 Se（Ⅳ）络合显色，以甲酸调节 pH 值，用有机溶剂甲苯萃取络合产物，在 349.5 nm 处测定吸光度，用乙二胺四乙酸（EDTA）消除 Fe^{3+} 的影响。李岱以 3,3- 二氨基萘络合硒（Ⅳ）、甲苯萃取，在 429 nm 处有最大吸收，成功测定出香菇中的总硒含量，RSD 小于 3%，回收率为 98% ~101%。陈戈等在酸性介质中利用与 I⁻ 定量作用，得到体积较大的 I^{3-} 离子与结晶紫阳离子形成的有色缔合物，进而在表面活性剂阿拉伯胶辅助下，使用 UV 测量了矿泉水中硒含量。

2.3.2.2 气相色谱—质谱联用

GC 应用于挥发硒的分离，对于硒代氨基酸和其他有机硒等非挥发性化合物，必须先将其转化为气态才能进行分离检测，一般用衍生法增加其挥发性，无机硒［Se（Ⅳ）、Se（Ⅵ）］、二甲基硒（DMSe）、二甲基二硒（DMDSe）、二乙基硒（DESe）、二乙基二硒（DEDSe）适合用该方法分离，Gómez-Ariza 对水沉积物使用 GC-MS 联用成功检测出 Se、DMSe、DMDSe、

DESe、DEDSe 5 种挥发硒形态。

2.3.2.3 高效液相—电感耦合等离子体质谱

HPLC-ICP-MS 是近些年最广泛使用的分离技术，也是硒形态分离检测中最常用的手段。其有操作简单方便、柱效高、分离能力强、所需实验样品量少、灵敏度高等一系列优点，是目前植物硒形态分离最常用的方法。硒形态分离常用的 HPLC 方法有离子交换色谱（IEC-HPLC）、反相离子对色谱（RP-IPC-HPLC）、体积排阻色谱（SEC-HPLC）等。IEC-HPLC 通过离子交换分离机制将亲水性的阴阳离子在流动相的淋洗作用下，进行有序分离。Larsen 等将 IEC-HPLC-ICP-MS 联用，成功分离出 12 个标准硒样品混合物，实验中流动相使用了 pH 值为 3 的吡啶甲酸盐分离阳离子；阴离子交换时，更换流动相为 pH 值为 8.5 的水杨酸 -Tris 分离阴离子，并成功将此方法用于分析酵母和海藻。2019 年，张春林等使用 RP-HPLC-ICP-MS 对富硒酵母进行分离检测，实验条件是流动相 pH 值为 5.7 的 2.5% 甲醇水溶液、$NH_4H_2PO_4$ 和四丁基溴化铵混合溶液，流速为 1.5 mL/min，进样体积为 100 μL，成功分离并检测出 7 种砷和硒的形态，其中硒形态有 Se^{4+}、SeMet 和 SeCys，回收率达到了 81%。体积排阻色谱又称凝胶色谱，是分离植物中高分子化合物的常用方法。体积排阻色谱理论塔板少，分离能力弱，只能分离分子量相差较大的化合物，这导致它只用于植物硒形态分析中的初步筛分，方勇等人用 SEC-HPLC 成功得到富硒大米中 4 个硒蛋白的分离峰。陆秋艳等采用 RP-IPC-HPLC，使用（pH 值为 4.4）柠檬酸 + 己烷磺酸钠体系为流动相，流速为 1.0 mL/min，用 ICP-MS 检测分离结果，成功使用 HPLC-ICP-MS 在 7.5 min 内完全分离水样中 Se（Ⅵ）、Se（Ⅳ）、SeMet、$SeCys_2$、MeSeCys、SeEt、SeUr 7 种不同形态元素。线性相关系数均大于 0.9995，精密度均在 10% 以内，加标回收率可超过 100%。

2.3.2.4 毛细管电泳—电感耦合等离子体质谱

毛细管电泳是一种高效分离技术，以双电层为基础，电场力为驱动力，理论塔板数每米可以达到几十万甚至上百万，分离速度快，柱效很高。分离条件温和，分离效率高，抗干扰能力强，不存在固定相，因此可以完整保留待测物质的形态，同一元素只要其结构或者电荷有差别，均可将其分离开来。2018 年，王泽邦将虾肉样品使用 3∶1 甲醇水溶液微波辅助提取后，离心，然后用氮气吹干，超纯水稀释后过 0.22 μm 滤膜，利用 CE 分离，采用 ICP-MS 对其进行形态分析，成功检测出 Se（Ⅵ），SeCys$_2$ 和 SeMet 3 种硒形态。Sun 等使用 CE-UV 成功鉴定了 Se（Ⅳ）、Se（Ⅵ）、SeCys、SeMet 和硒代胱胺（SeCM）。Albert 使用毛细管电泳技术成功分离 Se（Ⅳ）、Se（Ⅵ）、SeCys、SeMet。

2.3.2.5　高效液相—氢化物发生—原子荧光光谱

HPLC-HG-AFS 是目前最常用的硒元素总量测定方法，操作简单，线性范围宽，精密度和灵敏度高，可以满足植物体硒分析测定的要求。李哲利用高效液相分离、紫外在线消解、HG-AFS 检测，以蛋白酶 E 作为提取酶，成功分离和检测了外源硒处理后的小麦与小白菜中的 5 种硒形态 SeCys$_2$、MeSeCys、Se^{4+}、SeMet 和 Se^{6+}，证明了小麦比小白菜具有更好地转化无机硒为有机硒的能力。艾春月使用胃蛋白酶模拟消化茶叶，利用透析袋分离了有机硒和无机硒，使用 Osborne 分级分离提取，并且建立了 HG-AFS 以测量蛋白液中的有机硒和无机硒含量，得到了茶叶中 4 种有机硒蛋白分布规律：碱蛋白＞盐蛋白＞醇溶蛋白＞水溶蛋白，而且还对华东、华南、华中、西北和西南 5 个地区的 19 个茶叶样品进行了对比，得出的结论为：茶叶中总硒和有机硒的分布以华东地区最高，华南地区最低，但生物利用率并无明显差异。龚如雨等以宜春市温汤大米为研究对象，使用胃蛋白酶辅助提取，发现该地区大米总硒含量并不高，但谷蛋白硒 SeMet 的比例相对较高，达到了 65.63%。胡文彬等采用 HPLC-HG-AFS 测定富硒大米中的 SeMet、SeCys$_2$、硒甲基硒代半胱氨酸（SeMeSeCys）、SeO$_4^{2-}$、SeO$_3^{2-}$，利用蛋白酶 E 对富硒大米样品进行水解超声，磷酸氢二铵＋四丁基溴化铵＋甲醇作为流动相，甲酸调节 pH 值为 5.8~6.0，用 HPLC 分离后使用 HG-AFS 测定，成功定量。庄宇以 pH 值为 4.5 的柠檬酸作为流动相，成功对市售茶叶进行了有机硒的分离和检测。

2.3.2.6　高效液相—电喷雾质谱

钟洪禄利用 HPLC-ESI-MS，通过液相色谱与质谱联用技术对富硒花生中的硒形态进行研究，分析出不同施硒浓度下，花生中有机硒和无机硒的分布规律，并分离测定了富硒花生中的 $SeCys_2$、Na_2SeO_4、SeMeSeCys、Na_2SeO_3 和 SeMet，结果表明富硒花生中各硒形态含量关系为：SeMeSeCys> SeMet > $SeCys_2$> Na_2SeO_4> Na_2SeO_3。钟永生利用 HPLC-AFS 对富硒鸡蛋中的硒形态进行了检测，成功测定了 5 种硒形态 SeMet、$SeCys_2$、SeMeSeCys、Na_2SeO_4、Na_2SeO_3，并完成了定量。胡园园采用高效液相色谱串联质谱 HPLC-MS 法，以乙腈为流动相，滤液通过 HPLC 分离、ESI 喷雾离子源正离子化后，利用 MS 进行检测，准确检出并且定量了 SeMet。吴钰滢以叶面施硒的方式成功培养出富硒葡萄，通过 ICP-MS 测定了富硒葡萄中硒总量和可溶态硒含量，并采用 HPLC-ESI-MS 测定富硒葡萄中硒代氨基酸的形态及含量，实验结果表明：施硒量与葡萄硒含量在一定范围内成正相关，施硒梯度为160 mg/kg 时，葡萄中的 SeMet、$SeCys_2$、SeMeSeCys 达到最大含量。不同于前者的是，王婷婷以土壤富硒的形式培养得到富硒葡萄，使用微波密封消解后，采用 HG-AFS 对其中的硒形态进行分析，成功检测出 $SeCys_2$、SeMet、SeMeSeCys，葡萄内没检测出无机硒，这说明葡萄将土壤中的无机硒通过自身代谢转化为了有机硒，这种对果实富硒的方法安全可靠。

2.3.2.7 高效液相—电感耦合等离子体原子发射光谱

HPLC-ICP-AES 是元素痕量、超痕量分析的技术，激发光源为电感耦合等离子炬的光谱分析技术，其灵敏度高，检出限低，准确度和精密度高。叶丽用高压密闭微波消解，以硝酸和过氧化氢为消解液，使用 SEC-HPLC 分离微量元素，以 ICP-ACE 为检测器，等离子气体流速为 1.5 L/min，辅助气体流速为 1.5 L/min，雾化器流速为 0.55 L/min，准确从鸡蛋粉中分离出 Ca、Fe、I、Mn、Cu、Se、Co 等多种微量元素，其中硒元素总量为 0.000 238 mg/g，检出限为 0.0792 ng/mL。赵宇建立了利用 ICP-AES 分析测定苔藓植物中微量元素的方法，不同于前者的是，苔藓样品没有选用常用的微波消解液硝酸和过氧化氢，而是选用了 H_2SO_4 和 $HClO_4$ 处理消解，大大提高了消解速率，但 H_2SO_4 对雾化效率降低的影响，实验中没有做出研究。

2.3.2.8 X 射线衍射技术

XRD 是利用晶体物质中 X 射线会发生衍射的效应，对物质结构进行检测的技术。高能量 X 射线照射试样时，试样中的物质被激发，会产生二次 X 射线荧光衍射，而这些衍射遵循布拉格晶体衍射定律，可以根据衍射峰位对物质定性，测定谱线强度的积分以进行定量。该检测方法不损伤和消耗样品、快捷、穿透力强、精确度高，不但可以通过扫描对植物体硒进行三维立体定位，而且也可以用于硒形态的特征分析。张泽洲采用同步辐射 X 射线微区分析方法对取自湖北恩施硒矿区的微生物进行了原位分析，成功得到了硒形态空间分布图和形态数据，分析出传统间接化学提取法无法检测的 Se^0，并且得到其含量占到微生物总硒含量的 10.63%。

2.4 富硒产品标准

硒标准的制定能够规范市场，引领富硒产业有序发展。据统计，现行由国际标准化组织（ISO）发布的直接涉硒标准有 19 项，均为检测方法类或工业产品类标准。曾经有过一段很长的时期，我国政府层面认为硒元素是一种对人体有害的元素，如果人体当中含有硒元素，将会带来很多负面影响。直到1988 年，中国营养学会才将硒元素作为人体必须补充的 15 种营养元素之一，2011 年，国家卫生部颁布的《中华人民共和国食品安全法》（2009 年）和《食品安全国家标准管理办法》等相关规定提出，硒元素不再是我国食物污染的重要来源。2013 年，中国营养学会将居民的日均硒元素摄入量推荐值提升到60~250 μg，这一系列对于硒元素的相关举措，不断促进着我国居民对于硒元素作用的认识方面的提升，从而更好地促进我国在硒元素发展方面投入更多的关注，有力推动硒在我国居民身体健康方面的作用的发挥。至此，硒产业的发展开始获得政府层面的支持和鼓励，并且富硒类产品从此也被赋予能够有效促进人体保健的功能，使得富硒农产品在市场当中获得了良好的发展基础。

目前，全国标准信息公共服务平台发布的国内涉硒标准情况为：现有国家标准 42 项，目前大宗农产品硒标准仅有《GB/T 22499—2008 富硒稻谷》为国家推荐性标准，而直接富硒产品国家标准包括了 GB 1903.9 亚硒酸钠、GB 1903.12 L-硒-甲基硒代半胱氨酸、GB 1903.21 富硒酵母、GB 1903.22 富硒食用菌粉、GB 1903.23 硒化卡拉胶、GB 1903.28 硒蛋白等 6 个硒营养强化剂的国家强制性标准（表 2-7），其余大部分为各种产品的硒检测方法。

表 2-7 富硒产品的国家标准

序号	标准名称
1	GB/T 22499—2008 富硒稻谷
2	GB 1903.9—2015 食品安全国家标准 食品营养强化剂 亚硒酸钠
3	GB 1903.12—2015 食品安全国家标准 食品营养强化剂 L-硒-甲基硒代半胱氨酸
4	GB 1903.21—2016 食品安全国家标准 食品营养强化剂 富硒酵母
5	GB 1903.22—2016 食品安全国家标准 食品营养强化剂 富硒食用菌粉
6	GB 1903.23—2016 食品安全国家标准 食品营养强化剂 硒化卡拉胶
7	GB 1903.28—2018 食品安全国家标准 食品营养强化剂 硒蛋白

现有行业标准 108 项，其中涉硒农产品和食品行业标准以单项农产品为主，如富硒茶、富硒大蒜等，全国供销合作社 2017 年发布并实施了《富硒农产品》（GH/T 1135—2017）标准；大部分为硒检测方法标准、有色金属行业相关标准。现行有效的富硒产品行业推荐性标准有 5 项（表 2-8），均为行业推荐性标准。

表 2-8 富硒产品的行业推荐性标准

序号	标准名称
1	NY T 600—2002 富硒茶
2	GH/T 1090—2014 富硒茶
3	NY/T 3116—2017 富硒马铃薯
4	NY/T 3115—2017 富硒大蒜
5	GH/T 1135—2017 富硒农产品

现有地方标准 201 项，包括农产品及食品硒含量分类标准、单品富硒标准及富硒食品标签等，如江西省地方标准《富硒食品硒含量分类标准》（DB 36/T 566—2017）、湖北省地方标准《富有机硒食品硒含量要求》（DB S42/002—2014）、陕西省地方标准《富硒食品与其相关产品硒含量标准》（DB 61/T 556—2012）等。地方推荐性标准中大部分为富硒产品生产的技术规程，直接定义富硒产品的有 23 项，定义区域普适性富硒产品标准的有 10 项（表 2-9），均为地方推荐性标准。

表 2-9　富硒产品的地方推荐性标准

序号	标准名称
1	DB 42/211—2002（湖北）富硒食品标签
2	DB 36/T 566—2017（江西）富硒食品硒含量分类标准
3	DB 61/T 556—2012（陕西）富硒食品与其相关产品硒含量标准
4	DB 63/T 1147—2012（青海）东部农业区农畜产品硒含量分类标准
5	DB S42/ 002—2014（湖北）富有机硒食品硒含量要求
6	DB 45/T 1061—2014（广西）富硒农产品硒含量分类要求
7	DB 64/T 1221—2016（宁夏）宁夏富硒农产品标准（水稻、玉米、小麦及枸杞干果）
8	DB 50/T 705—2016（重庆）富硒农产品
9	DB 35/T 1730—2017（福建）富硒农产品硒含量分类要求
10	DB 13/T 2702—2018（河北）富硒农产品硒含量要求

与富硒食品硒含量及包装密切相关的国家标准有 3 项（表 2-10），分别回答了富硒产品中硒含量上限问题；食品中使用硒营养强化剂的用法用量问题；富硒产品的营养声称问题，均为国家强制性标准。

表 2-10　富硒食品的硒含量及包装相关标准

序号	国家标准	备注
1	GB 2762—2017 食品安全国家标准食品中污染物限量	2005 版本中规定了各类食品中硒含量的上限，2017 版本中删除了硒、铝、氟 3 项指标，不再将硒作为食品污染物进行控制
2	GB 14880—2012 食品安全国家标准食品营养强化剂使用标准	规定了硒营养强化剂的要求和可强化食品类别、用量
3	GB 28050—2011 预包装食品营养标签通则	规定了富硒营养声称的硒含量要求和误差范围

2009 年，江西省质量技术监督局组织专家在宜春丰城市进行了《富硒食品硒含量分类标准》江西省地方标准评审，丰城市提出的《富硒食品硒含量分类标准》被评定为江西省地方标准（标准号：DB 36/T 566—2009）。2017 年，江西省质量技术监督局对原有标准（标准号：DB 36/T 566—2009）进行修订（标准号：DB 36/T 566—2017）。《富硒食品硒含量分类标准》的修订（表 2-11），对规范江西省富硒食品市场、引导富硒土壤资源的开发利用、促进经济发展、增加农民收入具有重要意义。

表 2-11　2017 年江西省修订《富硒食品硒含量分类标准》

序号	食品	含量 /（mg/kg）
1	稻米及制品	0.07~0.30
2	豆类及制品	0.07~0.30
3	花生及制品	0.07~0.30
4	笋类及制品	0.04~1.00
5	蔬菜（包括薯类）及制品	0.01~0.10
6	水果	0.01~0.05
7	鲜肉	0.20~0.50
8	水产制品	0.05~1.00
9	蛋类及制品	0.20~0.50

续表

序号	食品	含量 / (mg/kg)
10	茶叶	0.50~3.00
11	矿泉水	0.01~0.05

2.5 硒产品认证

2.5.1 国际硒产品认证

近年来，随着消费者对硒认知度的逐渐提升和对健康的日益重视，富硒产品形成了巨大的市场需求。富硒产品正处于一个高速发展阶段，很多富硒地区利用自身的环境优势，进行富硒产品的研发、加工和销售。富硒产品的认证作为产品质量监管的重要手段之一，对富硒产品的生产及市场化过程起着积极的作用。目前，对于富硒、含硒、富含有机硒等产品及食品富硒原料、富硒基地或产地的认证认可办法的制定与实施，国内外相关机构已经开展了初步的探索和实践。

国际方面，美国 FDA 主要对富硒产品的公共安全性进行认定、欧盟食品安全局（EFSA）主要关注富硒产品对人类健康的功效评价。

国内方面，为加强富硒产品的监督管理，规范富硒产品的生产、加工、销售行为，我国一些富硒农业较发达的地区逐步建立了富硒产品认证体系。目前，在富硒地区有关方面的推动下，各地区富硒产业认证具备了一定的基础，一些第三方认证机构也正在积极开展富硒产品的认证活动，然而，在全国范围内尚未建成一套统一、完整、健全的富硒认证体系。

2.5.2 国内硒产品认证

目前，全国共有 8 个省份开展了富硒产品认证工作，由各地富硒产品行业协会和政府部门牵头，以富硒产品的地方标准或技术规范为认证依据，认证合格的经营主体获得富硒认证证书并允许使用富硒认证标志（表 2-12）。

表 2-12　国内各地富硒认证管理机构

地区	认证类别	认证范围及定义	认证依据	认证证书和标志要求	管理机构	标识
江西	富硒食品	动植物中自然含有的、硒含量达到标准要求的食品原料及其制品	《富硒食品硒含量分类标准》（DB 36/T 566—2017）	—		—
湖北恩施	硒产品	硒产品指经检测证明含有微量元素硒的产品，包括直接种植（养殖）的农、林、牧、渔等农副产品及以此为原料经过生产、加工的食品、保健品、化妆品、饲料、肥料等产品	《食品安全国家标准 预包装食品营养标签通则》（GB 28050—2011）；《富有机硒食品硒含量要求》（DB S42/002—2014）	《恩施土家族苗族自治州硒产品专用标志管理办法》	中国恩施硒产品专用标志管理办公室	富有机硒
陕西安康	富硒食品、富硒产品	富硒食品，系天然富硒食品，人工补硒食品不在该办法调整范围；富硒产品，系指富硒饲料、富硒专用肥、富硒食用菌培养基、富硒烟叶等各类富硒产品	《富硒食品与其相关产品硒含量标准》（DB 61/T 556—2012）；《富硒食品硒含量分类标准》（DB 6124.01—2009）	《安康市富硒食品产品认证及专用标志管理办法》	安康市富硒食品产品专用标志监督管理委员会办公室	富硒食品
广西	富硒农产品	富硒农产品指非经外源添加，硒元素含量达到《富硒农产品硒含量分类要求》（DB 45/T 1061—2014）及有关国家、行业标准规定的农产品及其初级加工品	《富硒农产品硒含量分类要求》（DB 45/T 1061—2014）；必须达到富硒土壤标准 Se ≥ 0.40 mg/kg；富硒农产品必须符合无公害农产品质量要求	《广西富硒农产品认定证书及专用标志管理细则》（试行）	广西富硒农产品协会	GXSE APA

地区	认证类别	认证范围及定义	认证依据	认证证书和标志要求	管理机构	标识
重庆江津	富硒农产品	富硒农产品指"通过生长过程自然富集而非收获后人工添加硒的农产品"	重庆市地方标准《富硒农产品》(DB 50/T705—2016)	《富硒产品认证实施规则》	重庆市质量技术监督局	
山东	富硒农产品	富硒农产品必须在绿色农业基础上按照《富硒农产品生产技术规程》生产,富硒食品必须是以富硒农产品为主要原料,且硒含量符合规定的区间值要求的产品	《富硒农产品生产技术规程》	《关于建设富硒农产品质量追溯平台体系的实施方案》和《山东省富硒农产品产业管理制度规范》	山东省富硒农产品专业委员会	
青海海东市平安区	富硒农畜产品	富硒农畜产品是自然含硒的富硒农畜产品,人工补硒农畜产品不在该办法管理范围	《东部农业区农畜产品硒含量分类标准》(DB 63/T 1147—2012);销售的富硒产品产自县域富硒土壤区域内	《平安县富硒农畜产品专用标志管理办法》	平安县高原富硒现代农业示范园区管委会办公室	
宁夏吴忠	富硒农产品产地;富硒产品	在自然条件下,不依赖人工补硒,生产出硒含量达到标准要求的农产品	《吴忠市富硒农产品产地和产品认证办法》;《宁夏富硒农产品标准(水稻、玉米、小麦及枸杞干果)》(DB 64/T 1221—2016);《宁夏富硒土壤标准》(DB 64/T 1220—2016)	—	吴忠市硒产业工作领导小组	—

截至 2019 年 6 月,国内在国家认监委(CNNA)(富硒食品认证实施规则)备案并可以进行富硒产品 / 食品认证的第三方机构共 10 家(表 2-13)。

表 2-13　国内开展富硒产品／食品认证的第三方机构情况

认证机构	认证类别	依据标准编号及名称	依据标准分类	认证项目	认证领域	认证规则编号及名称
重庆金质质量认证有限公司	产品认证	CTS JZC/WI-520—2018《富硒产品认证技术规范》	技术规范	其他食品农产品认证	农林（牧）渔；中药；加工食品、饮料和烟草	JZC/WI-521—2018《富硒产品认证实施规则》
中标合信（北京）认证有限公司	产品认证	GB/T 22499—2008《富硒稻谷》	国家标准	其他自愿性工业产品认证	农林（牧）渔；中药	CSCAPV0111-01—2017《富硒稻谷认证规则》
上海英格尔认证有限公司	产品认证	DB 45/T 106—2014《富硒农产品硒含量分类要求》	地方标准	其他自愿性工业产品认证	加工食品、饮料和烟草	ICAS03-fxcp—2017《富硒产品认证实施规则》
新疆中信中联认证有限公司	产品认证	CTS CTJC-GF02—2018《富硒产品认证技术规范》	技术规范	其他食品农产品认证	农林（牧）渔；中药；加工食品、饮料和烟草	CTJC-GZ02—2018《富硒产品认证技术规范》
全球绿色联盟（北京）食品安全认证中心	产品认证	DB 34/T 1752—2012《地理标志产品 石台富硒茶》	地方标准	其他食品农产品认证	农林（牧）渔；中药；加工食品、饮料和烟草	GGUFC-GZ3001—2018《富硒食品认证实施规则》
中国质量认证中心	产品认证	CQC 7601—2019《富硒产品认证技术规范》	技术规范	其他食品农产品认证	农林（牧）渔；中药；加工食品、饮料和烟草	CQC76-000201—2018《富硒产品认证实施规则》
北京中合金诺认证中心有限公司	产品认证	OT_GRT/OAIA0001—2018《富硒农产品》	团体标准	其他食品农产品认证	农林（牧）渔；中药	COIC-YJCY—002《富硒产品认证规则》

续表

认证机构	认证类别	依据标准编号及名称	依据标准分类	认证项目	认证领域	认证规则编号及名称
方圆标志认证集团有限公司	产品认证	CTS CQM 1601—2017《富硒产品认证技术规范》	技术规范	其他食品农产品认证	农林（牧）渔；中药加工食品、饮料和烟草；	CQM16-A0C0-01—2017《富硒产品认证实施规则》
中正国际认证（深圳）有限公司	产品认证	CTS RSPC01：2019《富硒产品质量控制规范》	技术规范	其他食品农产品认证	农林（牧）渔；中药	ZOZEN-RSPR01：2019《富硒产品认证实施规则》
北京华测食农认证服务有限公司	产品认证	CTS RSPC01：2019《富硒产品质量控制规范》	技术规范	其他食品农产品认证	农林（牧）渔；中药	ZOZEN-RSPR01：2019《富硒产品认证实施规则》

第三章 宜春市富硒资源概况

宜春市素有"赣中明珠"的美誉，这里有秀丽的自然风光、独特的温泉文化，作为全国重要的天然富硒地区，还拥有丰富的富硒水资源和富硒土壤资源。近年来，宜春市富硒资源得到开发利用，正在逐渐成为发展农业的重要推动力量，是宜春市探索富硒农业高质量发展的有效途径，是实现乡村振兴的重要保证。

3.1 宜春市概况

3.1.1 行政区划与交通

宜春地处赣西北部，东境与南昌市接界，东南与抚州市为邻，西南与萍乡市接壤，西北与湖南省的长沙市及岳阳市交界。下辖袁州、樟树、丰城、靖安、奉新、高安、上高、宜丰、铜鼓、万载 10 个县（市、区）和宜春经济技术开发区、宜阳新区、明月山温泉风景名胜区 3 个特色区；总面积约 1.87 万平方公里，约占全省的 1/9；总人口为 600 万人，居全省第 3 位。宜春市与南昌和长沙的距离均不超过 200 公里，地处长沙 2 小时经济圈，武汉 3 小时经济圈，长三角、珠三角 5 小时经济圈，交通区位条件良好，基础设施便利，便于将宜春富硒食品、硒养旅游等资源辐射至周边。

3.1.2 自然环境条件

（1）地形地貌

宜春地处赣西北山区向赣抚平原过渡地带，地势自西北向东南倾斜，境内山地、丘陵和平原兼有（图 3-1）。山地占总面积的 35.46%，丘陵占 39.05%，平原占 25.49%。宜春市东南部属赣抚中游河谷阶地与丘陵区，其余均属赣西北中低山与丘陵区。西北山区蕴藏着丰富的森林、水力资源，河谷地带则以粮食和经济作物为盛。

图 3-1　宜春市丘陵地貌

（2）气候资源

宜春处于偏低纬度，具有亚热带湿润气候特点。气候温暖，光照充足，雨量充沛，无霜期长。年平均气温为 17.2℃，7 月最热，平均气温为 28.8℃，1 月最冷，平均气温为 5.3℃，无霜期平均为 267.9 天。市内降水充沛，年平均降水量为 1680.2 毫米，降水量季节分配很不均匀。年平均日照时数为 1737.1 小时，平均每天日照时数约为 4.83 小时。

（3）土地资源

宜春市地域广阔，土地资源丰富，类型多种多样，全市总土地面积为 18 637.67 平方公里。其中，有耕地面积 48.22 万公顷，人均占有耕地 0.08 公顷；水域面积 6.39 万公顷；未利用土地 10.01 万公顷（图 3-2）。

图 3-2　宜春市"宜春大米"生产基地

（4）生态旅游资源

宜春生态旅游环境优越。有历史文化遗址486处，名山名胜54处，4个国家级森林公园、3个省级森林公园、2个省级自然保护区和5个省级风景名胜区。明月山风景名胜区被誉为"不是黄山，胜似黄山"，是疗养度假的旅游休闲胜地。宜春境内森林茂密，幽谷叠翠，奇峰峥嵘，怪石嵯峨，一年四季雨量充沛，气候温暖，景色宜人，既是野生动物栖息的王国，也是人们科考、游览、度假及避暑疗养的好地方（图3-3）。

图3-3 明月山风景名胜区地貌

3.1.3 社会经济条件

2020年宜春市地区生产总值达2789.9亿元，按可比价格计算，同比增长3.7%，宜春市经济运行呈现稳中求进、稳中向好的良好态势。

2020年宜春市第一产业增加值为323.4亿元，增长2.1%；第二产业增加值为1137.6亿元，增长4.1%；第三产业增加值为1328.9亿元，增长3.6%。经济发展呈现农业经济发展平稳、工业经济量质提升、各类投资持续增长、消费市场基本恢复、外贸出口增速回升、财政收支运行合理、金融规模持续扩张、消费价格涨幅回落、居民收入平稳增长等 9 个方面的特征。

在农业发展方面，2020 年宜春市农林牧渔总产值为 559.4 亿元，同比增长 2.6%。粮食总产量为 74.8 亿斤，粮食生产基本稳定；肉类总产量为 42.39 万吨，畜禽供应总体充足；蔬菜产量同比增长 3.57%，瓜果产量增长 5.16%；水产品产量为 35.78 万吨，同比增长 1.69%。在工业发展方面，2020 年第四季度宜春市规模以上工业增加值同比增长 4.7%，比前三季度提高 2.1 个百分点，高于江西省平均水平 0.1 个百分点。

2020 年，宜春市居民人均可支配收入为 26 093 元，同比增长 6.9%，高于全省平均水平 0.2 个百分点。其中，城镇居民人均可支配收入为 36 747 元，同比增长 5.5%；农村居民人均可支配收入为 17 588 元，同比增长 7.5%，与全省平均水平持平。社会消费品第四季度零售总额为 909.6 亿元，同比增长 2.7%，比前三季度回升 3.7 个百分点，低于全省平均水平 0.3 个百分点，消费市场基本恢复往年正常水平。宜春市居民消费价格指数（CPI）同比上涨 2.6%，低于上年 2.9% 的涨幅，也低于 3.0% 左右的全年控制目标。

2020 年，宜春市固定资产投资同比增长 8.1%，第一产业投资增长 50.5%，第二产业投资增长 7.9%，第三产业投资增长 6.8%，3 次产业投资占比由上年同期的 1.6∶53.3∶45.1 调整为 2.3∶53.2∶44.6。宜春市第四季度进出口总额为 244.06 亿元，同比增长 17.2%，比前三季度提高 16.3 个百分点，高于全省平均水平 2.9 个百分点。其中出口总额为 228.47 亿元，增长 19.7%；进口总额为 15.6 亿元，下降 10.1%；实际利用外资 9.75 亿美元，增长 7.45%。宜春市财政总收入为 416.32 亿元，一般公共预算支出为 652.98 亿元，财政收支运行合理。2020 年 12 月末，宜春市金融机构人民币各项存款余额为 4070.61 亿元，同比增长 12.86%，比年初增加 463.67 亿元；贷款余额为 3164.37 亿元，同比增长 17.24%，比年初增加 465.29 亿元，金融规模持续扩张。

3.2 富硒温泉

3.2.1 地热背景

宜春地区地层发育齐全，主要有震旦纪、寒武纪、泥盆纪、石炭纪、二叠纪、三叠纪、侏罗纪、白垩纪地层和第四纪冲积层。宜春地区为断裂构造发育，主要断裂带为文竹—峡江断裂、萍乡—宜春—广丰断裂和宜丰—新建—景德镇断裂。宜春北部晋宁区岩浆岩分布广泛，小部分地区分布着燕山期及加里东期岩浆岩。宜春地区出露的温泉一部分分布于断裂带附近，一部分分布于岩浆岩区，不同出露条件决定温泉的水化学特征及热储温度等差距较大。宜春地区的大地热流值为 70~90 mW/m²，不同地区热流值差距较大，本次温泉采样工作横跨宜春地区南北，温泉部分处于大地热流值为 70~80 mW/m² 的区域，部分属于 80~90 mW/m² 的区域。

3.2.2 温泉资源

水是地质单元中硒元素富集和运移的主要动力源，自然水体中的硒主要以硒酸盐和亚硒酸盐两种无机形态存在，这也是硒元素参与生物地球化学循环的主要价态。世界淡水平均硒含量为 0.2 μg/L，河流为 0.5~10.0 μg/L，海水中的硒含量为 4~6 μg/L。中国河流中硒的含量为 0.04~5.00 μg/L，其中可溶硒为 0.01~0.80 μg/L。

宜春温汤镇温泉背倚明月山，东临仙女湖，距宜春市仅 15 公里，东去南昌 210 公里（全程高速），西往长沙 205 公里，离昌樟高速、宜春火车站均 17 公里，交通极为便利。温汤镇温泉水源处于群山环绕的一片平坦区域，地貌和构造因岩石压裂与开裂具有渗透性。自然温泉位于非常深的不同地质层的断层线上，这些地质层直接或间接因次生火山作用而彼此链接。次生火山的作用从地热学、水化学及水文学的角度看是极其重要的。

温汤镇温泉蕴藏于地下 400 多米深的岩石裂隙之中，分布在以地矿疗养院为中心的温汤镇 0.8 平方公里范围内，日流量达 1 万多吨，水温常年保持在 68~72 ℃。源流一年四季不绝,无明显的季节差异,属于大出水量、高温度优质矿泉。温汤温泉不含硫黄气,水质无色、无味,口感纯正,富含硒、偏硅酸等 20 多种对人体非常有益的微量矿物质,属国内外罕见的富硒温泉,经中华预防医学会检验证实,温汤温泉是中国目前发现的唯一可以与法国埃克斯温泉相媲美的优质温泉。温汤温泉属高温碳酸氢钠弱碱性矿泉,该矿泉水中所含成分具有显著的防癌抑瘤等保健作用,同时对风湿性关节炎、原发性高血压、早期动脉硬化、腰肌劳损、坐骨神经痛、胃溃疡、慢性肠炎等 20 多种疾病有显著疗效,特别是对疥疮、手足癣等皮肤病疗效更佳。

3.2.3 富硒温泉历史

温汤镇古井碑志云:"南宋绍定己丑年间,定远禅师云游温汤,步至龙坡岭,见此地群山秀奇,田连阡陌,茂林修竹成荫,一条小溪蜿蜒其境,溪流潺潺,清澈见底。溪旁有一温泉,犹如涌珠,饮之,泌人心扉,浴之,润体肌肤,知有解毒、健身、疗疴之功效。于是,募集资金、砌泉井、修浴池、建寺院(俗称定光寺或温汤院),在此诵经修道,常饮常浴此泉,定远禅师寿享耄耋高龄,仍心身健康。以后,井池几经修建,远近人们从中受益匪浅,为虑及首建与捐资者之功绩,特刻此碑文以纪之。宋景定四年秋建立"(图 3-4)。自此温汤的"千年禅宗温泉"之名开始远播。历史记载,温汤温泉曾经有 3 处之多。明朝严嵩编撰的《正德袁州府志》之《山川·宜春县·温泉》记载:"府城西南三十里,修仁乡温汤里定光院前,气温如汤,冬可浴,以生鸡卵放之即熟,水中犹有鱼。凡三出:一出在东岸,僧人泛为池;一出涌出江心石中,石类锅状,石上宽五六尺许,平坦可坐,游者多于此饮为乐;一出在西岸下,宋黄叔万诗:离火自天炉,温泉由地生,我来需晓吸,聊用灌尘缨。"

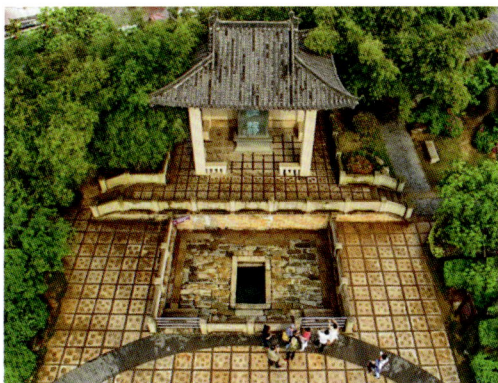

图 3-4 温汤镇古井

南宋高宗建炎初（1127 年），宋朝大词人阮阅（舒城人，今属安徽）出任袁州州知事，游遍了宜春山水，退休以后就定居在宜春城。他的一首诗词是历史上最早赞颂千年禅宗温泉的。《郴江百咏并序·温泉》诗云：

谁将炎热换清凉，可使澄泓作沸扬。

从赐骊山妃子沐，人间处处得温汤。

现代作家梅洁在《天沐神泡》游记写道：

在美丽的明月山脚下的温汤镇，几乎每一户人家、每一个单位、每一个人、每天都可享受着天沐神泡的幸福，所有人家、单位的水管、浴缸、浴盆里都流淌着神奇的温汤水，劳动一天的温汤人，回到家第一件事就是沏一壶温汤茶提神，泡一个温汤浴销魂。即使在单位上班的人也可在办公室的汤缸里泡着午休。

在温汤镇宁静的小街上有一处温汤古井，古井汩汩流淌了几百年还将流淌下去。古井边有一大风景：无数男人女人在井边露天泡脚敷腿，古井四周横竖摆满了木桶或塑料桶，人们一弯腰即能从井里打上一桶热水，随即在井边的石凳或木椅上坐下来，脱掉鞋袜，双脚放进桶里，"神泡"就此开始（图3-5）。井里、桶里都冒着热气，热气雾霭般弥漫开来，朦胧着街巷里、树荫下"神泡"的人们。

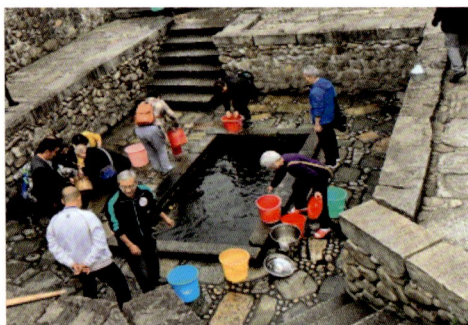

图3-5　温汤镇群众在古井取水

3.2.4　富硒温泉对人体健康的功效

2009年10月，"中国硒温泉·硒与人体健康"明月山高峰论坛的专家指出：①明月山富硒温泉历史悠久，水温常年保持在68~72 ℃，水质清澈透明、无色无味、低硫富硒，可饮可浴，为国外罕见；②初步的实验室研究及流行病学调查结果表明：明月山富硒温泉在抗癌、防治心脑血管疾病、延缓衰老、防治老年慢性疾病，如风湿与类风湿疾病、关节炎、皮肤病等方面均具有一定功效；③明月山独特的地理环境和秀美的风光，综合食补、食疗，特别适合人们康复疗养、休闲旅游，尤其对于肿瘤患者、心脑血管病患者、老年慢性病患者及身体疲劳的中青年是一个休养生息的好去处；④硒是人体内一种特殊而又必需的微量元素，明月山富硒温泉中硒的含量与形态，以及其对人体健康的功效还有很多方面值得进一步研究。2019年，温汤镇因硒温泉的独特性和高开发利用价值，获得了国际硒学会认可的"世界硒养之都"名片（图3-6）。此外，还获得了"世界级多用途优质温泉"和"世界温泉健康名镇"的国际荣誉证书，2019年宜春举办国际硒养大会（图3-7）。

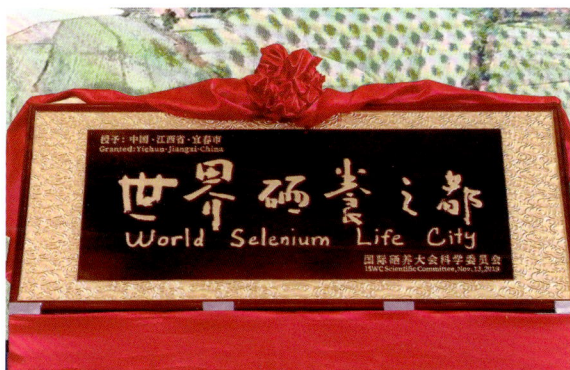

图 3-6 宜春被誉为"世界硒养之都"

图 3-7 2019 年宜春举办国际硒养大会

原江西省地质局高级勘探工程师欧阳路政说:"温汤温泉四季不绝,无明显季节差异,经国家鉴定检测和中国医学院试验分析,除含硒以外,还含有其他 20 多种对人体非常有益的微量矿物质元素,被世界温泉及气候养生联合会授予'高热矿泉水'金牌,被誉为'世界级多用途优质温泉'和'世界温泉健康名镇'。"中国疾病预防控制中心农村改水技术指导中心陶勇主任评价说:"温汤温泉属于天然类、新型饮用水"(图 3-8)。

世界温泉及气候养生联合会主席恩贝托·索利曼多次考察温汤硒温泉,他认为温泉蓄水层供应流域较远,可达 10 千米,水源优质,适合生产矿泉水、茶等饮料。

图 3-8 中国温泉之乡

3.2.5 富硒温泉的开发与保护

江西省地热资源的勘查研究工作起步较早，20 世纪 70 年代省内地质勘探部门就开展了全省区域的地热资源调查。1964 年地质普查 1000 多平方公里，1970 年地质勘探找到新能源，1971 年建造地热低温发电厂，1973 年提交温汤温泉地质报告，1979 年首次召开全国地热学术会，2002 年 9 月引资开发大型露天温泉和休闲度假中心，随后引进了 10 多家温泉企业，著名的有天沐温泉度假村和宜春明月山维景国际温泉度假酒店；2007 年温汤镇筹建了天然含硒矿泉水厂。

宜春温汤镇现已成为江西省著名的温泉旅游地，在加强资源保护和可持续利用的同时，深挖产品内涵，融入地域文化元素，加强品牌建设，将其打造成江西省温泉旅游行业的龙头产品，引领江西省温泉旅游产业发展方向和温泉休闲业的发展潮流，在江西省温泉旅游产业发展中起到先导和示范作用。

在过去的很长时期内，古井的温泉水都是免费取用的（图3-9）。然而，随着游客的大量涌入造成温泉水的浪费，因为是免费，所以很多人洗头、洗衣服，甚至洗车都用温泉水。一方面，大型洗浴场所用水量节节攀升，超过了温泉水资源的承载能力，使用过的水没有进行综合利用，直接排放到污水管道，造成巨大的浪费；另一方面，沿街饭店、农家乐对环境也产生了影响。许多饭店将餐桌沿街摆放，污水横流，影响了周边环境。因此，政府对温汤温泉采取了以下保护措施。

图3-9 温泉古井

（1）政府保护温泉的政策引导

2013年，明月山温泉风景名胜区管委会出台了《宜春市明月山温泉风景名胜区地热水资源管理暂行规定》（简称《管理暂行规定》），就地热水资源的利用、保护、供应、管理及使用者的法律责任等提出了明确要求。该规定要求：对已建成但未开展地热水用量论证的建设项目限期补办地热水用量论证报告，对明月山温泉风景名胜区内已持有采矿许可证的取水单位，未经管委会同意不得新增开采量和用水户，严禁擅自增设取水井或擅自降低出水井井口标准高度；对地热水资源实行开发利用控制红线管理和配额管理，使温汤镇地热水日取水量控制在 1 万吨以下。同时，对每个单位和个人重新核实用水量，对超过计划用水量的将实行累进加价收费，若超计划用水情节严重，明月山温泉风景名胜区管委会可停止对其供应地热水。《管理暂行规定》的实施在一定程度上控制了新增用水户和用水量，然而，对已经在使用温泉水的个人和单位的监管还不到位，由此造成的用水浪费还时有发生。

（2）大型经营性场所用水实现循环利用和二次利用

要实现富硒温泉水的可持续利用，需要特别关注温泉水的检测、循环利用，尤其是二次水的高效利用。在规划设计时应考虑温泉水的使用流程。在温泉经营场所内充分运用温泉水循环供热，加强温泉尾水的再利用。采用热泵和回灌等技术，充分提取地热尾水中的热能，使温泉尾水循环起来，不断增加地热资源的利用率。温泉经营场所要设置净化消毒设施，对循环利用的温泉水进行彻底消毒净化后，再继续用于各大泡池以供健身洗浴，确保安全卫生。最后的冷却温泉水经人工净化后将用于温泉绿色农产品的种植。

（3）统一规划管理民宿、农家乐和饭店

截至 2018 年，温汤镇常住人口从 1200 多人增加到 10 000 多人；酒店从 16 家发展到 40 多家，日接待床位达 8000 多张；特色农家乐和农家旅馆从 10 多家发展到 180 多家。随着常住人口和游客的持续增加，温汤镇的民宿、农家乐、饭店在高峰期出现供不应求的情况，然而，卫生情况和周边环境面临巨大挑战。因此，政府应提高民宿、农家乐和饭店的行业准入门槛，加强对这些行业的监督和管理，对不符合环境卫生要求和破坏周边环境的行为进行规范与整顿。此外，正确引导民宿、农家乐和饭店挖掘和建立自身文化内涵、特色以吸引更多游客，促进资源与生态和谐发展以使游客到温汤旅游不仅能享受到温泉资源，更能享受到优美的环境和优质的服务。

此外，在开发温泉时配套建设科普馆和文化馆，让游客了解温泉，从而敬畏自然，产生保护意识。当地还要着力营造温泉文化氛围，根据温汤温泉所负载的崇月等地域文化，深入挖掘温泉沐浴文化内涵，使传统的温泉沐浴更加科学化，让游客体会到硒温泉沐浴独有的仪式感。

3.3　富硒土壤资源

3.3.1　富硒土壤资源现状

硒含量大于 0.4 mg/kg 的土壤通称为富硒，若土壤中硒含量小于 0.125 mg/kg 将诱发不良的生态环境效应。参照《中华人民共和国地方病与环境图集》中表土总硒等级方案，将调查区表层土壤硒含量划分为五级（表 3-1）。

表 3-1　土壤硒含量等级划分标准

单位：mg/kg

等级	缺硒	潜在硒不足	足硒	潜在富硒	富硒
硒	≤ 0.125	（0.125, 0.175]	（0.175, 0.300]	（0.30, 0.40]	> 0.4

注：1. 土壤富硒标准引自《中华人民共和国地方病与环境图集》（科学出版社，1989 年）；2. 根据江西信丰、福建大田和永定 3 个地区采集的水稻 – 根系土配套样品及土壤垂向剖面，研究发现富硒土壤标准划分为 0.3 mg/kg 是能满足稳定生产出富硒稻谷要求的，因此将土壤中硒含量为 0.30~0.40 mg/kg 划分为潜在富硒土壤。

宜春市富硒土壤资源主要分布在新元古代泥砂质岩、炭质板岩夹基性火山熔岩地层区、寒武纪炭硅质岩地区、晚古生代煤系地层区、二长花岗岩中。成土母岩中硒含量较高为富硒土壤的形成提供了重要的物质基础。

江西省地矿局赣西地质调查大队进行的富硒土壤普查均采用 1∶25 万多目标区域地球化学调查规范。土样检测单位为江西省地质调查研究院实验室和江西省地质科学研究所实验室，均通过了计量资质认证。2004—2018 年硒土壤资源普查结果显示：宜春市表层土壤中硒的含量变化区间为 0.04~6.77 mg/kg，平均含量为 0.40 mg/kg。最高值分布在万载县三兴镇，最低值分布在万载县城区。宜春市表层土壤中硒含量适中，总体呈现足硒—富硒状态（表 3-2）。全市富硒土壤（总硒含量 0.4 mg/kg）面积为 780 万亩，占全市国土面积的 28%，其中富硒耕地面积为 252 万亩；潜在富硒土壤面积为 765 万亩（0.30 mg/kg ＜总硒含量 ≤ 0.4 mg/kg），占全市国土面积的 27%。宜春富硒土壤非常适合发展富硒农业生产。袁州、丰城、高安、上高、宜丰、万载发现了天然富硒水稻、大蒜、生姜、大豆、红薯、辣椒、笋、荞麦、野葱、百合等，很适合发展富硒粮食蔬菜作物；樟树发现了天然富硒花生，适合发展富硒花生等经济作物；奉新发现了天然富硒猕猴桃，适合发展富硒水果。

表 3-2　宜春市各县（市、区）硒元素分布面积

单位：万亩

县（市、区）	富硒			潜在富硒			足硒	潜在硒不足	缺硒
	合计	耕地	林地	合计	耕地	林地			
袁州区	288	78	147	55	8	29	37	0	0
丰城市	78	30	35	195	84	45	151	3	0
高安市	85	34	31	143	53	37	137	1	0
樟树市	40	13	8	135	53	17	19	0	0
靖安县	5	0	5	13	2	11	82	17	0
铜鼓县	11	1	9	25	3	22	80	0	0
宜丰县	83	30	53	37	24	13	47	10	5
万载县	107	39	68	48	32	16	35	5	3
上高县	59	24	22	27	13	11	24	0	0
奉新县	24	3	21	87	20	44	132	3	0
总计	780	252	399	765	292	245	744	39	8

注：本表主要统计耕地和林地的数据。

3.3.2　富硒土壤资源的分布现状

宜春市富硒资源分布范围非常广泛，在全市 83 个乡镇（街道）都有分布，其中，袁州富硒资源最好，富硒土壤面积排全市第一，万载居全市第二，高安、宜丰、丰城、上高富硒土壤面积也在 50 万亩以上，其他县（市、区）的富硒土壤资源较为一般。潜在富硒土壤资源分布面积最大的是丰城，其次是高安、

樟树、奉新、袁州、万载、宜丰，而上高、铜鼓、靖安分布面积较小。

袁州区富硒和潜在富硒土壤分布在城区及 22 个乡镇（街道）（表 3-3），占总面积的 90.14%，其中富硒土壤面积为 288 万亩（耕地 78 万亩、林地 147 万亩）；潜在富硒土壤面积为 55 万亩（耕地 8 万亩、林地 29 万亩）。硒含量区间为 0.40~5.84 mg/kg，发现了天然富硒水稻、莴笋、西葫芦。

表 3-3　袁州区城区及各乡镇（街道）富硒土壤面积分布

单位：万亩

乡镇（街道）名称	富硒土壤面积	潜在富硒土壤面积	乡镇（街道）名称	富硒土壤面积	潜在富硒土壤面积
慈化镇	24.20	4.89	湖田镇	12.10	2.44
寨下镇	19.36	0.00	新田镇	14.52	0.61
楠木乡	7.87	3.67	渥江镇	12.10	1.22
洪塘镇	20.57	4.28	城区	15.72	1.22
柏木乡	10.28	0.61	竹亭镇	6.66	0.00
金瑞镇	13.92	0.61	彬江镇	15.13	4.28
三阳镇	12.10	0.00	西村镇	21.18	1.83
飞剑潭乡	12.71	0.00	南庙镇	0.01	4.28
芦村镇	9.07	0.00	新坊镇	3.03	7.94
天台镇	24.20	0.61	温汤镇	5.45	9.78
水江镇	9.07	1.83	洪江镇	6.04	4.90
遼市镇	12.71	0.00	合计	288.00	55.00

丰城市富硒土壤面积为 78 万亩（耕地 30 万亩、林地 35 万亩），主要分布在洛市镇、秀市镇、荷湖乡、尚庄街道、丽村镇、桥东镇、泉港镇、曲江镇、董家镇等 9 个乡镇（街道）（表 3-4）。其中，洛市罗山和荷湖玉华山地貌以山地为主，其他地区则以丘岗和河谷冲积平原为主。硒含量为 0.40~0.99 mg/kg，发现了天然富硒水稻、大蒜、笋、大豆、野葱、百合。

表3-4　丰城市各乡镇（街道）富硒土壤面积分布

单位：万亩

乡镇（街道）名称	富硒土壤面积	潜在富硒土壤面积	乡镇（街道）名称	富硒土壤面积	潜在富硒土壤面积
隍城镇	0.56	2.75	石滩镇	0.06	7.55
董家镇	3.37	6.87	张巷镇	1.12	8.24
湖塘乡	0.56	1.37	拖船镇	0.56	6.18
同田乡	1.12	4.81	荣塘镇	1.68	6.87
梅林镇	1.13	9.61	孙渡街道	0.00	4.81
曲江镇	3.93	8.93	陶沙镇	0.57	6.87
上塘镇	2.24	5.49	杜市镇	1.68	8.24
小港镇	0.56	4.81	桥东镇	5.00	10.99
段潭乡	0.00	1.37	丽村镇	5.61	6.18
尚庄街道	5.61	3.43	秀市镇	8.98	19.91
袁渡镇	2.24	5.49	洛市镇	10.66	7.55
白土镇	3.36	6.18	荷湖乡	6.17	8.21
筱塘乡	1.12	3.43	铁路镇	2.24	11.10
泉港镇	4.49	8.93	石江乡	1.68	2.05
城区	1.12	6.18	蕉坑乡	0.58	0.60
合计				78.00	195.00

高安市富硒土壤面积为85万亩（耕地34万亩、林地31万亩），主要分布在荷岭、上湖、黄沙岗、灰埠、相城、太阳、建山、田南、新街、独城、八景、大城、祥符、村前等22个乡镇（街道）（表3-5）。其中，有4处富硒土壤面积较大，分布在建山镇—田南镇南部地区、相城镇—太阳圩地区、新街镇—太阳圩地区、八景镇北部—独城镇。这些地区主要以丘岗和河谷冲积平原地貌为主，硒含量为0.4~3.0 mg/kg，发现了天然富硒水稻、大蒜、荞麦、蕨菜。

表 3-5 高安市各乡镇（街道）富硒土壤面积分布

单位：万亩

乡镇（街道）名称	富硒土壤面积	潜在富硒土壤面积	乡镇（街道）名称	富硒土壤面积	潜在富硒土壤面积
伍桥镇	0.57	7.87	荷岭镇	1.14	6.44
华林山镇	1.14	9.30	上湖乡	2.28	3.58
汪家圩乡	1.14	5.72	黄沙岗镇	3.99	5.01
大城镇	5.70	13.59	灰埠镇	2.85	10.01
祥符镇	1.71	5.01	独城镇	5.70	9.30
村前镇	2.28	5.72	相城镇	7.99	7.15
石脑镇	0.57	7.86	新街镇	6.28	12.86
瑞州街道	1.14	8.55	太阳镇	3.99	7.85
龙潭镇	0.58	2.15	八景镇	9.14	3.58
蓝坊镇	0.00	4.29	建山镇	12.55	2.86
杨圩镇	1.71	2.15	田南镇	12.55	2.15
合计				85.00	143.00

樟树市富硒土壤面积为 40 万亩（耕地 13 万亩、林地 8 万亩），主要分布在店下等地，以山地、岗地地貌为主。其他零星分布在黄土岗、中洲等地（表 3-6）。硒含量为 0.40~0.55 mg/kg，发现了天然富硒水稻、笋、花生。

表 3-6 樟树市各乡镇（街道）富硒土壤面积分布

单位：万亩

乡镇（街道）名称	富硒土壤面积	潜在富硒土壤面积	乡镇（街道）名称	富硒土壤面积	潜在富硒土壤面积
经楼镇	3.43	10.45	义成镇	3.43	13.06
刘公庙镇	0.00	6.10	洋湖乡	0.57	6.10
张家山街道	0.01	11.32	阁山镇	4.00	4.35

续表

乡镇（街道）名称	富硒土壤面积	潜在富硒土壤面积	乡镇（街道）名称	富硒土壤面积	潜在富硒土壤面积
大桥街道	0.57	4.35	永泰镇	0.00	2.61
观上镇	2.86	4.35	店下镇	13.71	12.19
城区	1.14	4.35	中洲乡	1.14	8.71
吴城乡	2.86	13.94	昌傅镇	2.29	14.82
临江镇	2.76	8.71	黄土岗镇	1.13	6.11
洲上乡	0.10	3.48	合计	40.00	135.00

奉新县富硒土壤面积为 24 万亩（耕地 3 万亩、林地 21 万亩），以花岗岩山地为主（表 3-7）。硒含量为 0.40~1.55 mg/kg，发现了天然富硒猕猴桃。

表 3-7　奉新县各乡镇（街道）富硒土壤面积分布

单位：万亩

乡镇（街道）名称	富硒土壤面积	潜在富硒土壤面积	乡镇（街道）名称	富硒土壤面积	潜在富硒土壤面积
干洲镇	0.47	2.81	赤岸镇	0.95	11.23
澡下镇	0.94	5.61	宋埠镇	0.47	4.21
仰山乡	3.76	6.31	甘坊镇	1.88	4.91
澡溪乡	4.24	6.31	城区	0.00	0.70
会埠镇	0.94	14.03	上富镇	2.82	6.31
罗市镇	1.41	6.30	赤田镇	1.88	13.36
柳溪乡	4.24	4.91	合计	24.00	87.00

铜鼓县富硒土壤面积为 11 万亩（耕地 1 万亩、林地 9 万亩），主要分布在港口乡华仙村、高桥乡高桥村、温泉镇新开村及三都镇大槽村等地（表 3-8）。硒含量为 0.40~1.04 mg/kg。

表 3-8 铜鼓县各乡镇（街道）富硒土壤面积分布

单位：万亩

乡镇（街道）名称	富硒土壤面积	潜在富硒土壤面积	乡镇（街道）名称	富硒土壤面积	潜在富硒土壤面积
棋坪镇	1.63	1.61	温泉镇	2.04	0.54
港口乡	0.41	0.54	高桥乡	1.30	2.72
三都镇	1.60	9.24	永宁镇	0.78	1.63
大镇	1.22	5.03	排埠镇	1.21	3.26
带溪乡	0.81	0.43	合计	11.00	25.00

　　上高县富硒土壤面积为 59 万亩（耕地 24 万亩、林地 22 万亩），主要分布在塔下乡—芦洲乡—翰堂镇—田心镇一带及敖山镇、蒙山镇等地（表 3-9）。硒含量为 0.40~0.80 mg/kg，发现了天然富硒水稻、大蒜、生姜、大豆、红薯、辣椒。

表 3-9 上高县各乡镇（街道）富硒土壤面积分布

单位：万亩

乡镇（街道）名称	富硒土壤面积	潜在富硒土壤面积	乡镇（街道）名称	富硒土壤面积	潜在富硒土壤面积
泗溪镇	1.95	3.00	徐家渡镇	8.85	2.50
野市乡	0.49	1.00	芦洲乡	5.41	1.50
锦江镇	1.99	5.00	塔下乡	4.92	1.00
敖山镇	1.95	2.50	田心镇	14.26	3.00
城区	2.95	0.50	翰堂镇	5.92	0.00
新界埠镇	2.46	4.50	蒙山镇	7.36	2.00
镇渡乡	0.49	0.50	合计	59.00	27.00

　　万载县富硒土壤面积为 107 万亩（耕地 39 万亩、林地 68 万亩），主要分布在罗城镇、双桥镇、三兴镇、株潭镇、黄茅镇、潭埠镇、白良镇、鹅峰乡、马步乡 9 个乡镇（街道）（表 3-10）。硒含量为 0.40~6.77 mg/kg，发现了天然富硒水稻。

表 3-10　万载县各乡镇（街道）富硒土壤面积分布

单位：万亩

乡镇（街道）名称	富硒土壤面积	潜在富硒土壤面积	乡镇（街道）名称	富硒土壤面积	潜在富硒土壤面积
高村镇	2.49	3.38	黄茅镇	9.94	1.98
仙源乡	2.49	2.12	高城镇	2.49	5.08
罗城镇	9.80	5.51	马步乡	6.90	0.99
茭湖乡	2.76	1.98	鹅峰乡	4.56	2.68
三兴镇	12.98	2.54	城区	2.62	0.98
赤兴乡	3.04	3.81	岭东乡	1.93	2.13
白水乡	0.55	1.26	株潭镇	8.84	2.14
白良镇	8.97	0.99	鹅峰乡	4.55	2.67
双桥镇	7.73	4.66	马步乡	6.90	0.98
潭埠镇	7.46	2.12	合计	107.00	48.00

宜丰县富硒土壤面积为 83 万亩（耕地 30 万亩、林地 53 万亩），主要分布在芳溪镇、石市镇、澄塘镇、新庄镇、桥西乡、潭山镇、花桥乡、黄岗镇、天宝乡、敖桥乡、棠浦镇等 12 个乡镇（表 3-11）。硒含量为 0.40~2.43 mg/kg，发现了天然富硒水稻。

表 3-11　宜丰县各乡镇（街道）富硒土壤面积分布

单位：万亩

乡镇（街道）名称	富硒土壤面积	潜在富硒土壤面积	乡镇（街道）名称	富硒土壤面积	潜在富硒土壤面积
潭山镇	5.66	3.55	新庄镇	11.31	0.46
花桥乡	2.74	3.38	澄塘镇	12.08	2.00
同安乡	1.07	2.16	棠浦镇	3.06	2.47
天宝乡	3.06	2.47	敖桥乡	5.20	3.85
黄岗镇	0.76	1.70	芳溪镇	12.84	2.78

续表

乡镇（街道）名称	富硒土壤面积	潜在富硒土壤面积	乡镇（街道）名称	富硒土壤面积	潜在富硒土壤面积
桥西乡	14.67	4.47	石市镇	10.55	7.71
合计	83.00	37.00			

靖安县富硒土壤面积为 5 万亩，大部分为林地，主要分布在雷公尖乡西北部、三爪仑乡及罗湾乡楼前村东部（表 3-12）。硒含量为 0.40~0.78 mg/kg。

表 3-12　靖安县各乡镇（街道）富硒土壤面积分布

单位：万亩

乡镇（街道）名称	富硒土壤面积	潜在富硒土壤面积	乡镇（街道）名称	富硒土壤面积	潜在富硒土壤面积
三爪仑乡	0.06	0.13	仁首镇	0.01	1.08
宝峰镇	0.75	1.00	城区	0.40	0.35
澡都镇	0.81	1.08	中源乡	0.52	1.03
罗湾乡	1.15	2.71	雷公尖乡	0.54	0.54
水口乡	0.00	2.53	香田乡	0.35	1.50
高湖镇	0.41	1.05	合计	5.00	13.00

第四章 宜春市富硒农业发展现状

　　宜春市拥有独特的富硒土壤、富硒地下水，使得生长在这片土地上的植物、微生物及动物体内硒的含量显著高于其他地区，这为宜春地区提供了丰富的生物硒资源，宜春富硒土壤非常适合发展富硒农业生产。袁州、丰城、高安、上高、宜丰、万载发现了天然富硒水稻、大蒜、生姜、大豆、红薯、辣椒、笋、荞麦、野葱、百合等，樟树发现了天然富硒花生，奉新发现了天然富硒猕猴桃。这些区域的粮食作物、饲草饲料、畜禽产品、中草药及山泉水中硒含量是国内其他地区的十几倍甚至几十倍，形成了独特的天然富硒生物圈，为宜春地区天然富硒农产品开发提供了丰富的资源基础。

4.1 富硒农业概况

　　宜春是全国三大（江西宜春、湖北恩施、陕西安康）天然富硒地之一，富硒和潜在富硒土壤为 1545 万亩，占全市国土面积的 55%，其中富硒土壤（总硒含量＞ 0.4 mg/kg）为 780 万亩，潜在富硒土壤（0.30 mg/kg ＜总硒含量 ≤ 0.4 mg/kg）为 765 万亩；富硒耕地（252 万亩）和潜在富硒耕地（292 万亩）共 544 万亩，占全市耕地面积的 75%，其中，丰城市董家镇地块（1.44 万亩）被中国地质学会认定为全国首批天然富硒土地。此外，明月山温泉风景名胜区不仅土壤硒含量高，还有全国仅有的富硒温泉，硒含量达到 0.006 mg/L，日出水量达到 1 万吨，水质清澈透明，低硫富硒，可饮可浴，具有较强的保健功能。近年来，宜春市充分发挥资源优势，大力发展富硒产业，全市富硒产业呈现快速发展的良好态势，先后获评"全国富硒农业示范基地""世界硒养之都""全国硒资源变硒产业十佳地区"。

　　宜春市富硒产业的发展起步于 2006 年，至今富硒产业有了一定基础。目前，全市从事富硒经营的主体有 84 家，国家级龙头企业、省级龙头企业共 17 家，国家级示范社 2 家。对所辖县（市、区）境内 6476 个农产品进行了硒含量普查，天然富硒农产品达 20% 以上。宜春市已建成一批富硒农产品示范基地，开发了富硒粮油、富硒畜产品、富硒果蔬、富硒茶品等 60 多类富硒产品（表 4-1）。丰城市建成富硒特色果园、富硒蛋鸡、富硒种鸭等 18 个生产加工基地。全市注册富硒农产品商标 260 个，通过"三品一标"认证富硒农产品 61 个，其中，宜春大米、丰城富硒大米、上高紫皮大蒜、樟树花生 4 个富硒农产品荣获国家地理标志农产品，"金特莱"（大米）被认定为中国驰名商标；丰城被授予"中国生态硒谷"称号。此外，宜春提出的《富硒食品硒含量分类标准》涉及稻米、豆类、花生、笋类、蔬菜（薯类）、水果、畜禽肉、蛋类、水产、茶叶、矿泉水 11 类食品原料及其制品，被省质量技术监督局认定为江西省地方标准。

表 4-1 2022 年宜春市部分富硒农业面积及产量

序号	类别	总面积 / 万亩	总产量 / 万吨
1	水稻	109.00	55.00
2	水果：猕猴桃	3.40	3.40
3	水果：其他	10.80	10.80
4	茶叶	3.60	0.18
5	中药材	18.80	9.40
6	蔬菜	13.00	13.00
7	油茶	19.00	1.90
8	菊花	2.10	0.16
9	花生	1.50	0.60
10	竹笋	20.00	11.80

宜春市抽样检测食物有 35 种，表 4-2 中的硒含量低值列和硒含量高值列数据为江西省地方标准《富硒食品硒含量分类标准》（DB 36/T 566—2017）

里面规定的量，第 5 列数据为随机测得的宜春市富硒食品样品的硒含量均值。

表 4-2　宜春市富硒食品硒含量检测结果

序号	食物品种	硒含量低值 /（mg/kg）	硒含量高值 /（mg/kg）	均值 /（mg/kg）
1	大米	0.07	0.30	0.101
2	猪肉	0.20	0.50	0.220
3	猪排骨	0.20	0.50	0.121
4	猪腰	0.20	0.50	2.060
5	猪心	0.20	0.50	0.223
6	猪肺	0.20	0.50	0.270
7	猪肝	0.20	0.50	1.126
8	猪小肠	0.20	0.50	0.220
9	鸡蛋	0.20	0.50	0.404
10	草鱼	0.05	1.00	0.179
11	大闸蟹	0.05	1.00	0.420
12	龙虾	0.05	1.00	0.200
13	空心菜	0.01	0.10	0.047
14	芦笋	0.01	0.10	0.016
15	辣椒	0.01	0.10	0.049
16	玉米	0.01	0.10	0.042
17	毛豆	0.01	0.10	0.045
18	花生	0.07	0.30	0.150
19	韭菜	0.01	0.10	0.044
20	黄瓜	0.01	0.10	0.045
21	西红柿	0.01	0.10	0.041
22	蓝莓	0.01	0.05	0.096

续表

序号	食物品种	硒含量低值 /（mg/kg）	硒含量高值 /（mg/kg）	均值 /（mg/kg）
23	桃	0.01	0.05	0.028
24	葡萄	0.01	0.05	0.058
25	梨	0.01	0.05	0.086
26	脐橙	0.01	0.05	0.098
27	茶叶	0.50	3.00	1.112
28	红薯	0.01	0.10	0.050
29	鸭蛋	0.20	0.50	0.482
30	丝瓜	0.01	0.10	0.028
31	葛根	0.01	0.10	0.127
32	火龙果	0.01	0.05	0.016
33	芹菜	0.01	0.10	0.015
34	山苏	0.01	0.10	0.024
35	百合	0.01	0.10	0.016

4.2 富硒农产品开发

4.2.1 宜春大米

宜春大米历史悠久，品质上乘，具有米粒大小均匀、米色晶莹剔透、米饭清香柔软、硒元素丰富等特点。宜春从 2018 年开始大力发展富硒大米，不断完善富硒水稻种植、加工标准化技术体系，强化品牌培育，推进精深加工，延长产业链条。宜春大米、丰城富硒大米分别获得农产品地理标志，高安"金特莱"大米被认定为中国驰名商标，"状元洲"和"金特莱"两个富硒大米品牌先后在中央一套《新闻联播》播出前亮相（图 4-1），这些品牌在宜春、上海、广东、福建等地占有一定市场；宜春大米作为全省富硒产品知名品牌，在新中国成立 70 周年江西专场新闻发布会上展出。

图 4-1 宜春市富硒大米

袁州区中州米业等企业与农户之间结成"利益共享，风险共担"的经济利益共同体，不断扩充企业生产经营规模，真正建成下联农户，上联市场，带动农户生产，增加粮食附加值的产业化富硒龙头企业。为了促进富硒农业产业化发展，江西圣牛米业有限公司做好产前、产中、产后服务，该公司联合稻谷烘干中心成立了生态功能农业营销公司，主要从事富硒农产品的市场开拓和营销；该公司共对接水稻生产专业合作基地 30 个，建立优质高产水稻基地 5.2 万亩，其中绿色水稻基地 4.1 万亩，有机水稻基地 4000 亩。

位于宜春市温汤镇的隆平有机有限公司以有机富硒为核心，开展香米、花茶、特种果蔬作物的种植和甲鱼等动物的特种养殖（图 4-2），推进农业产业与旅游业、服务业深度融合，为现代农业探索更高层面的价值实现形式。该公司秉承袁隆平院士的造福理念，与香港理工大学、华南农业大学、中科院亚热带农业生态研究所、浙江师范大学等科研机构密切合作，相互支撑，开展产学研战略合作，在实现有机健康农产品生产、农业产业化园区复合式发展、低碳和环境友好型农业产业化升级等方面，树立产业化组织与农民、地方政府、科研机构、高等院校良好合作的典范，着力打造亚热带地区科技含量最高的和谐型现代有机农业产业化示范区。该企业基地和所有产品于 2014 年 10 月取得了欧盟 BCS 与国内东方嘉禾有机双认证。

图 4-2 有机富硒大米生产基地

4.2.2 山茶油及副产品

宜春素有"中国油茶之乡"的美誉（图 4-3），1958 年，油茶生茶获得由周恩来总理签发的国务院嘉奖。1979 年，宜春成立了全国首个油茶局。目前，全市有油茶 258 万亩，年产山茶油 3.6 万吨。宜春山茶油精选优质油茶籽，全程物理压榨和提纯，富含不饱和脂肪酸、油酸、亚油酸和多种维生素，可谓油中珍品。

图 4-3 油茶

江西星火农林科技发展有限公司建成了集油茶良种繁育、丰产栽培、精深加工、产品研发和生态旅游"五位一体"的占地5000多亩的油茶产业科技示范园。已在袁州区建设16 000多亩的高产油茶示范基地、2000多亩的金银花、菊花等林下经济作物套种示范基地。在袁州区国家现代农业示

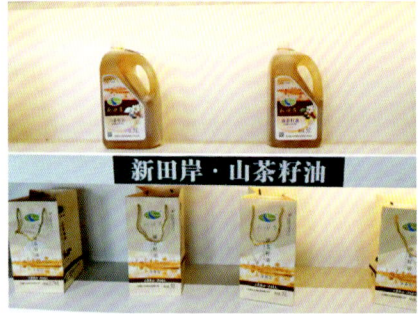

图4-4　山茶籽油

范园内建成占地1000多亩的集油茶科研、油茶精深加工及食用菌栽培与加工、生物有机肥生产与销售等于一体的油茶及附属产品科研加工中心，生产新田岸牌山茶籽油（图4-4）。

利用含硒油茶籽壳、秸秆等农林废弃物基质化栽培富硒食用菌（图4-5），可以通过食用菌的富集作用，将基质中的硒元素富集到食用菌的子实体中，干菇中硒含量可达30 μg/kg。目前，宜春飞龙实业有限公司将油茶籽壳作为海鲜菇培养基质生产富硒海鲜菇，生产能力可达10吨/天（图4-6）。万载县高城慧民食用菌专业合作社利用亚硒酸钠生产富硒香菇，年产量可达30吨。宜春市袁州区梅花村的种植户生产的富硒竹笋，鲜品硒含量可达2.5 μg/kg，干品出售价格可达200元/斤。

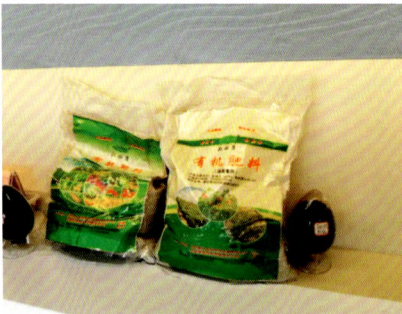

图4-5　有机肥料产品

图4-6　富硒海鲜菇规模化生产

此外，青龙高科技股份有限公司等企业依托宜春本地丰富的油茶资源，已经探索出一套有效的"公司＋基地＋农户"的农业发展模式，充分带动了农户种植油茶的积极性，极大地推动了当地油茶产业的发展。青龙高科技股份有限公司已在宜春市范围内推广完成了 50 000 亩高产优质油茶林基地的种植，其主要从事高产油茶林种植、油茶林培育、油茶良种采穗、油茶种苗销售等。

4.2.3 富硒果蔬

宜春富硒果蔬品种繁多，全市现有千亩以上水果基地 5 个，蔬菜基地 7 个，水果品种主要有猕猴桃、翠冠梨、脐橙、火龙果、葡萄、黄桃等；蔬菜品种主要有紫皮大蒜、黄瓜、西红柿、辣椒、芦笋、竹笋、马铃薯等。其中，奉新大米、上高紫皮大蒜、宜丰竹笋、上高蒙山猪、高安大米、奉新猕猴桃、宜春苎麻、宜丰蜂蜜获中国地理标志农产品品牌。奉新县猕猴桃种植面积达 7.5 万亩，是江南最大的猕猴桃种植基地（图 4-7）。

a   b   c

图 4-7　富硒水果

万载恒辉农业科技有限公司按照"环境生态化、农田标准化、设施现代化、种田科学化、操作规范化、产品国际化"的标准打造有机农业科技示范园。园区面积 1500 亩，其中缓坡地 200 亩，耕地 1300 亩，总规划为一村一庄园和 5 个示范园，即建设一个生态旅游村、一个生态有机庄园和生态畜牧小区、有机果蔬采摘园、有机水稻示范区、有机农业大棚良种繁育基地、有机蔬菜喷灌基地。

该公司芦笋原料种植基地均为国家有机认证土地、富硒土地，栽培的芦笋为江西省自主培育的井冈系列品种，遵循国家有机农业标准进行生产管理。优越的生态环境、优良的芦笋品种、严格的生产管理，保证了原料的优良品质和独特口感（图4-8）。

图 4-8　富硒有机芦笋

富硒蔬菜的标准化种植以科技创新、龙头培育为重点，大力开展病害攻关、新品开发、标准制定、品牌打造、市场开拓等工作。截至2020年，建成以紫皮大蒜、黄瓜、西红柿、辣椒、芦笋、竹笋、龙牙百合、脚板薯、马铃薯等为主的富硒蔬菜基地10万亩，培育产值亿元以上的加工企业1家，实现综合产值15亿元；截至2022年，全市富硒蔬菜种植面积扩展到20万亩，实现综合产值30亿元（图4-9）。

a　　　　　　　　　　b　　　　　　　　　　c

图 4-9　富硒蔬菜种植

4.2.4　富硒茶叶

宜春依托天然的富硒土壤和优质的自然环境，孕育了以靖安白茶、铜鼓宁红、宜春金片、樟树天心茶、禅林高山有机茶、赣峰云雾有机茶、富硒芦笋茶、明月山富硒菊花茶为代表的宜春各类茶品（图4-10）。先后多次获得国内外茗茶评比大奖，靖安白茶和铜鼓宁红先后获得国家农产品地理标志登记保护。明月山富硒菊花茶等茶叶抽检的硒含量高于0.2 mg/kg，深受游客喜欢。其中，富硒芦笋茶是精选春笋的新鲜、优质笋尖、笋段，运用现代科学方法精心研制而成，不添加任何佐料，成功地保留芦笋原来的有效成分和独特风味。芦笋茶富含大量芦笋皂苷、芦丁、芦笋皂甙、天门冬酰胺、维生素和矿物质，长期饮用对身体健康十分有益。

图4-10　富硒白茶基地

4.2.5　富硒中药材

宜春药食源远流长，有1800多年历史的"药都"樟树，素有"药不到樟树不齐，药不到樟树不灵"的美誉。宜春大力发掘中医药历史文化遗产，建设富硒中药材产业示范基地，发展富硒功能性食品、保健品及药品，将富硒中药材开发与富硒药膳、功能性食品、特殊医疗配方开发相结合，引领宜春"大健康"发展，强化"中国药都"品牌。目前，主要有黄精、菊花、黄岐子、乌首茶、葛根粉、石参、生姜、金银花等系列产品，开发了各类花茶产品（图4-11）。

图 4-11　富硒菊花

4.2.6　富硒畜禽

围绕"生态化、标准化、规模化、特色化"养殖，突出发展富硒禽蛋产业，兼顾肉牛产业，争创"宜春富硒畜禽"特色品牌，逐步建立"宜春富硒禽蛋""宜春富硒牛肉"等生产标准体系。2022 年，出栏肉牛达到 100 万头、家禽 3000 万羽、鲜蛋 6 万吨，实现综合产值 100 亿元。"十四五"期间，宜春市将全面构建现代富硒禽蛋产业发展体系，创建"宜春禽蛋"品牌，力争蛋禽养殖规模超 3200 万羽，禽蛋产量达 32 万吨，形成蛋禽养殖、加工、仓储、冷链物流、数字化交易、肉禽屠宰加工、有机肥生产的全产业体系，全产业链综合产值突破 100 亿元（图 4-12）。

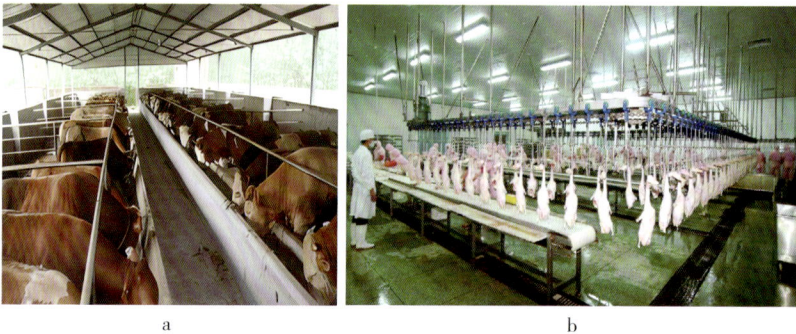

a

b

图 4-12　富硒肉牛和富硒肉禽屠宰加工

4.2.7 其他

《地理标志产品 丰城冻米糖》（DB 36/T 578—2017）被认定为江西省地方标准。明月山富硒科普馆开发的富硒压片糖果、富硒酵素口服液，江西恒辉大农业科技有限公司开发的富硒芦笋饼干、富硒芦笋糕，江西云栖农业发展有限公司开发的富硒蓝莓糕，万载县小明薯业农业专业合作社开发的富硒马铃薯面，江西省温汤佬食品有限责任公司开发的"温汤佬"富硒盐皮蛋等都颇具特色。

4.3 富硒农业产业链

4.3.1 宜春市富硒产业现状

2021年，宜春市富硒农业、富硒工业和富硒服务业分别实现产值195.20亿元、134.70亿元、93.88亿元，实现综合产值423.78亿元，同比增长79%，富硒产业已成为全市农业经济新的增长极（图4-13）。

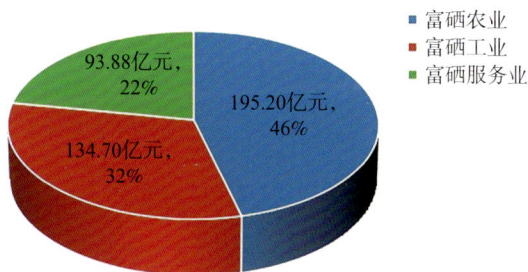

图4-13 2021年宜春市富硒产业产值分布

为系统推进功能农业研究与产业化，目前宜春市正在大力推动与国际国内知名科研机构及大型企业的战略合作，促进宜春富硒功能农业产业的跨越式发展。富硒产业附加值高，能够带动涉硒经济发展。其不仅能够拉动农业增效，促进农民增收，而且通过硒产品开发，可以做长富硒产业链条，带动产业价值链高端的富硒特色食品、休闲养生快速发展。富硒农产品与普通农产品的生产方式、生产资料投入基本相同，却具有更高的经济价值。

富硒产业规模逐步扩大，富硒粮食、富硒蔬菜、富硒油料、富硒畜禽、富硒中药材等大宗富硒农产品种养业持续快速增长，建成富硒农产品基地201万亩，培育各类富硒经营主体449家，其中国家级和省级龙头企业71家，并认定第一批市级富硒产业龙头企业25家。

富硒产业结构逐步优化，全市开发了富硒粮油、富硒畜产品、富硒果蔬、富硒茶品等70多类富硒产品，通过"两品一标"认证富硒农产品502个，注册富硒农产品商标260个。对所辖县（市、区）境内8000个农产品进行了硒含量普查，天然富硒农产品达20%以上。20个富硒农产品荣获国家地理标志产品，其中，"宜春大米"入选首批"赣鄱正品""湘赣红"认证品牌，"高安腐竹"和"奉新猕猴桃"入选中国品牌价值区域品牌（地理标志）百强榜。

富硒产业链条逐步构建，全市富硒产业三产协同快速发展。富硒种植、富硒养殖（水产）、富硒生产加工、富硒贸易流通、富硒科研服务、富硒电子商务交易、富硒康养旅游七大产业呈现多点开花的良好态势，上下游连接更加紧密，产业链不断延伸，多业态融合发展趋势明显。

4.3.2 宜春市富硒标准体系建立

宜春市现阶段制定了省级硒地方标准8项，涵盖稻米、蔬菜等11类本地主要作物及其制品，制定了《宜春大米》《袁州富硒红薯》《袁州富硒脐橙》等硒团体标准3项，参与制定了《富硒马铃薯》供销合作行业标准（表4-3）。

表4-3 宜春市已制定的富硒标准

序号	标准号	标准名称	批准日期	实施日期	标准类别
1	GH/T 1310—2020	富硒马铃薯	2020-12-07	2021-03-01	行业标准
2	DB 36/T 1382—2021	油茶籽富硒栽培技术规程	2021-04-23	2021-11-01	地方标准

续表

序号	标准号	标准名称	批准日期	实施日期	标准类别
3	DB 36/T 1323—2020	芦笋富硒栽培技术规程	2020-11-09	2021-04-01	地方标准
4	DB 36/T 1322—2020	富硒鸡蛋生产技术规程	2020-11-09	2021-04-01	地方标准
5	DB 36/T 1321—2020	茶叶富硒栽培技术规程	2020-11-09	2021-04-01	地方标准
6	DB 36/T 1320—2020	猕猴桃富硒栽培技术规程	2020-11-09	2021-04-01	地方标准
7	DB 36/T 1112—2019	富硒水稻生产技术规程	2019-03-13	2019-09-01	地方标准
8	DB 36/T 566—2017	富硒食品硒含量分类标准	2017-12-29	2018-03-01	地方标准
9	DB 36/T 977—2017	地理标志产品 丰城富硒大米	2017-10-23	2018-01-01	地方标准
10	T/YSIA 001—2022	宜春大米	2022-03-01	2022-04-01	团体标准
11	T/YSIA 002—2022	袁州富硒脐橙	2022-03-01	2022-04-01	团体标准
12	T/YSIA 003—2022	袁州富硒红薯	2022-03-01	2022-04-01	团体标准

第五章　宜春市富硒农业发展的机遇与挑战

当前，我国正处于推动农业全面升级的关键时期，社会消费需求持续升级、农业供给侧结构性改革持续推进、乡村振兴战略和健康中国战略全面实施都为富硒产业发展提供了新的契机。发展富硒产业可以充分发挥宜春市资源禀赋优势，是走绿色发展之路的最好选择。富硒资源赋能现代产业既是宜春农业的翻身工程，更是实施乡村振兴战略的重要举措。然而，宜春市富硒产业发展也存在一些问题和短板，面临的机遇与挑战并存。本章从优势、劣势、机遇和挑战4个方面分析宜春市富硒农业发展现状，并基于此探讨未来宜春市富硒功能农业发展的对策。

5.1　发展优势

5.1.1　政策优势

乡村振兴战略给农业发展方向提出了新要求。党的十九大报告提出，要按照"产业兴旺、生态宜居、乡风文明、治理有效、生活富裕"的要求实施乡村振兴战略，《国务院关于促进乡村产业振兴的指导意见》（国发〔2019〕12号）明确提出：推进农业与文化、旅游、教育、康养等产业融合，发展创意农业、功能农业。富硒产业作为功能农业的重要组成部分，是实施乡村振兴战略的新抓手。

健康中国战略对农业发展质量提出了新需求。中共中央、国务院印发的《"健康中国2030"规划纲要》首次将"健康中国"上升为国家战略，并将健康产业作为国家支柱型战略产业，对普及健康生活、优化健康服务、完善健康保障、建设健康环境、发展健康产业等方面进行了全面阐述。富硒农业作为"吃得健康"的重要支撑，是实施健康中国战略的新路径。

农业供给侧结构性改革为农业产业新业态明确了方向。2017年，《中共

中央 国务院关于深入推进农业供给侧结构性改革 加快培育农业农村发展新动能的若干意见》中提出："加快发展现代食品产业，加强现代生物和营养强化技术研究，挖掘开发具有保健功能的食品。"农业农村部印发《全国乡村产业发展规划（2020—2025 年）》，鼓励开发包括富硒产品在内的营养健康系列产品，并将积极探索富硒农业标准发展思路和规划，完善富硒农产品标准体系，开展全国农产品主产区 1∶1 万土地质量地球化学调查等。富硒产业为农业提质增效、农业三产融合提供了新思路，是农业供给侧结构性改革的新动力。

国家相关部委对富硒功能农业的发展提出了新举措。《国家粮食局 财政部关于印发"优质粮食工程"实施方案的通知》中指出，要大力推进优质粮食工程建设，促进粮食行业供给侧结构性改革，推进绿色优质粮食产业体系建设。《国家发展和改革委员会 国家粮食和物资储备局 科技部关于"科技兴粮"的实施意见》中提出："在粮食仓储、加工、物流、营养健康主食及主食工业化等重点和特色产业领域培育一批企业技术创新中心或研发中心"。针对国家制定的战略框架和政策体系，鼓励地方先行先试，探索农业创新发展、功能化发展之路，为富硒产业发展提供了坚实基础，也提出了相应要求。同时，随着时代的需求和行业的发展，未来国家的宏观政策还将扩大对富硒产业的支持。

江西省人民政府印发《加快推动富硒功能农业高质量发展三年行动方案（2023—2025 年）》，提出以实施"硒 +X"发展战略为主线，编制全省富硒功能农业发展专项规划，以赣西、赣南 24 个县（市、区）作为重点，分层次发展富硒种养业、精深加工业、康养旅游业，加快推进富硒稻米、富硒水果、富硒蔬菜、富硒茶叶、富硒禽蛋等产业的发展。宜春富硒产业起步早、基础好、发展快，江西省农业农村厅等相关部门明确提出要重点打造"赣西富硒区"，在政策和指标等各个方面都给予了宜春更大的倾斜和支持。

5.1.2 富硒资源丰富

我国硒资源稀缺，富硒土壤资源非常宝贵。《中国耕地地球化学调查报告（2015 年）》显示，已发现富硒土壤面积只占受调查耕地面积的 3.75%。目前发现的天然富硒区有：江西宜春、广西南宁和桂平、湖北恩施、陕西安康、宁夏中卫、安徽石台、重庆江津等 10 余个地方。宜春市富硒土壤面积较大，目前已探明富硒和潜在富硒土壤面积达 1545 万亩，占全市面积的55%。富硒耕地占比高，已探明富硒和潜在富硒耕地面积达 544 万亩，占全市耕地面积的 75%。土壤硒含量适宜，全市已探明的土壤硒平均含量为0.40 mg/kg，无土壤硒过剩现象，无天然硒中毒历史。宜春富硒土壤非常适合发展富硒农业（表 5-1、表 5-2）。

表 5-1　宜春市各县（市、区）富硒及潜在富硒土壤面积汇总

单位：万亩

县（市、区）	国土总面积	富硒土壤面积（>0.4 mg/kg）					潜在富硒土壤面积（0.3 ~ 0.4 mg/kg）				
		耕地	林地	草荒地	合计	占比	耕地	林地	草荒地	合计	占比
袁州区	380	78	147	63	288	76%	8	29	18	55	14%
丰城市	427	30	35	15	78	18%	84	45	66	195	46%
高安市	366	34	31	20	85	23%	53	37	53	143	39%
樟树市	194	13	8	19	40	21%	53	17	65	135	70%
奉新县	246	3	21	0	24	10%	20	44	23	87	35%
上高县	203	24	22	13	59	29%	13	11	3	27	13%
铜鼓县	233	1	9	1	11	5%	3	22	0	25	11%
靖安县	207	0	5	0	5	2%	2	11	0	13	6%
宜丰县	290	30	53	0	83	29%	24	13	0	37	13%
万载县	258	39	68	0	107	41%	32	16	0	48	19%
总计	2804	252	399	131	780	28%	292	245	228	765	27%

表 5-2 宜春市主要富硒农产品分布及制定标准

单位：mg/kg

序号	富硒品种	采集地	硒含量	江西省富硒地方标准
1	大米	袁州区	0.075	≥ 0.07
2	猕猴桃（金魁）	奉新县	0.010~0.013	≥ 0.01
3	鸡蛋	袁州区	0.2	0.20~0.50
4	皮蛋	明月山	0.4	0.20~0.50
5	矿泉水	明月山	0.015	≥ 0.01
6	梨	高安市	0.013	≥ 0.01
7	春笋	樟树市	0.01~0.06	≥ 0.01
8	荞麦	高安市	0.14	≥ 0.1
9	蕨菜	高安市	0.01~0.07	≥ 0.01
10	大蒜籽	高安市	0.01~0.43	≥ 0.01

相比于富硒土壤，富硒水是宜春最具比较优势的富硒资源。宜春明月山为国家 5A 级旅游景区，坐拥世界温泉名镇——温汤镇，是世界知名的温泉休闲度假胜地。明月山地表水、地下水富硒，其中温汤镇温泉是世界两大“高硒低硫”温泉之一。泉水蕴藏于地下 400 多米深的岩石裂隙之中，分布在以温汤镇 0.8 平方公里范围内，水温常年保持在 68~72 ℃，经有关部门检测，该泉水富含 20 多种对人体有益的微量元素，具有稳定的硒含量（0.015 mg/L）。温汤镇温泉是可以直接饮用的温泉，正因为辖区水土富硒，造就温汤镇“无癌长寿村”的美誉。

5.1.3 区位优势明显

宜春与南昌和长沙距离均不超过 200 公里，处于赣西地区的中心区域，地处南昌和长沙 2 小时经济圈，武汉 3 小时经济圈，长三角、珠三角 5 小时经济圈。交通便利，明月山机场通航数十个国内主要城市；境内沪昆高铁和浙赣复线横卧东西，京九铁路纵贯南北，目前还规划建设南北方向的咸宜吉高铁；高速公路县—县连接，构筑了江西省会城市发展极向赣西南辐射的重要通道，也成为城市发展极向外辐射和梯度推进的重要节点，具有承上启下的战略区位优势，日益成为赣西区域中心城市。

5.1.4　生态环境优良

宜春市山清水秀、空气清新，全市森林覆盖率达 56.84%，山区空气负离子含量每立方厘米高达 7 万多个，为国家标准的 35 倍，拥有国家 A 级以上旅游景区 29 个，国家级旅游度假示范区 1 个，国家 5A 级景区 1 个，4A 级景区 10 个。宜春市中心城区先后荣获中国宜居城市、国家园林城市、中国优秀旅游城市、中国最佳休闲养生城市、世界著名文化旅游城市等称号。靖安县、铜鼓县分别荣获全省首批国家级生态县，樟树市、丰城市分别获评国家循环经济示范城市。靖安、奉新、宜丰、铜鼓四县成为全省第一批 16 个生态文明先行示范县，宜丰获评全国十佳生态文明城市，奉新获评国家园林县城，靖安、铜鼓均获评江西生态文明十佳示范县。

5.1.5　文化底蕴浓厚

（1）崇月文化

月亮文化已成为宜春的标识，明月山景区是月亮文化的发源地，按照"建好月亮景，办好月亮节，唱响月亮牌"的工作思路，将月亮文化与禅宗、温泉、农耕文化有机结合，打造情月相融、泉月相映、禅月相通、农月相趣"四星捧月"的旅游产品，已使明月山成为赣西地区绿色精粹旅游线上的璀璨明珠。

将明月山一个个精品景点串起来，就是一条精致的"浪漫爱情之旅"：明月广场相遇、荷塘月前相识、咏月碑林相知、竹林月影相约、晃月桥上相牵、抱月亭中相恋、浸月潭边相印、月下老人相系、拜月坛上相誓、梦月山庄相拥——从山脚到山顶的 10 个"爱情景点"处处是精品，处处让人难忘（图 5-1）。

图 5-1　宜春明月山崇月文化雕塑

（2）禅宗文化

宜春在中国禅宗历史上具有非常突出的地位，市内拥有三大祖庭、十大寺院和上千座佛塔。宜春引进了明月山国际禅修中心和宜春禅都文化博览园两个禅宗旅游项目，修复了奉新百丈寺、仰山栖隐禅寺和洞山普利禅寺等几个祖庭寺院，吸引了韩国、日本等大批境外游客。

（3）温泉文化

宜春温泉资源十分丰富，全市 10 个县（市、区）均有温泉，已探明的出露点有 19 处，形成了"宜春温泉，十全十美"的发展格局。在彰显明月山富硒温泉核心竞争力的同时，重点打造十大特色温泉，形成种类丰富、品味较高的温泉产品体系，发展规范的温泉旅游产业体系。

（4）民俗文化

宜春拥有丰富的非物质文化遗产，酿酒工艺、土扎粉、豆腐的制作等均在省内有一定的知名度。此外，宜春南庙在 1000 多年的祖传父教的习武历史中，成为武艺精良、武德高尚、远近闻名的武术之乡。

5.1.6　富硒产业基础良好

宜春市委、市政府高度重视富硒产业发展，把富硒产业作为重点发展的六大特色产业之一。经过多年发展，宜春市富硒产业已经具有一定的产业基础。在富硒资源丰富的袁州区、丰城市、樟树市、高安市、上高县，建设了一批富硒农产品示范基地。

　　全市通过"两品一标"认证富硒农产品 502 个，完成富硒农产品认证 175 个，注册富硒农产品商标 260 个（表 5-3），其中，"泉硒"商标被国家工商总局认定为集体商标，"金特莱"获评中国驰名商标，"宜春大米"被评为国家农产品地理标志品牌。"中国生态硒谷"框架搭设初见成效，目前，园区已引进农业龙头企业 20 家、产学研机构 1 家，其中亿元以上重大项目 15 个，项目总投资 110 亿元，实现产值 65 亿元，解决 50 000 名农民就业，带动农民增收超 9.5 亿元。江西润田明月山饮料有限责任公司主打润田翠天然含硒矿泉水，其是极为罕见的天然含硒矿泉水，其中硒含量为 0.015 mg/L，水质柔和细腻，清新甘甜，年产值可达 9000 多万元。销售地区覆盖全国 24 个省、自治区及直辖市，并出口美国、澳大利亚、新西兰等 6 个国家，受到市场广泛欢迎。

表 5-3　宜春市富硒品牌情况

县（市、区）	富硒农产品商标 / 个	"赣鄱正品"认证品牌	2020 年江西农产品"二十大区域公用品牌"	2020 年江西农产品企业产品品牌
袁州区	52	宜春大米	宜春大米	新田岸
樟树市	21	春丝		春丝
丰城市	47	乡意浓		
靖安县	8	靖安白茶、三爪仑	靖安白茶	三爪仑、九云
奉新县	21	奉新大米、隽钰、陈猕	奉新大米	天工、隽钰
高安市	20	金特莱、谷晶		金特莱、谷晶
上高县	27	圣牛、汇银		前海绿万佳、圣牛
宜丰县	8			秋瑶
铜鼓县	19	铜鼓春韵		
万载县	13	千年、恒晖大		恒晖大
明月山	24	温汤佬		

5.2 发展劣势

5.2.1 经济优势不突出

宜春市总体经济发展还处于较低水平，GDP 总量居全省第 5 位，但人均 GDP 低于江西省平均水平；城镇化水平不高，仅居江西省第 10 位。在当前国家大力推进工业化、信息化、城镇化、农业现代化同步发展的大环境下，宜春实施"工业反哺农业、城镇支持农村"的能力相对较弱，这在一定程度上制约富硒产业的发展（表 5-4、图 5-2）。

表 5-4　2016 年江西省各地区主要经济指标比较

地区	城镇化率	位次	GDP/ 亿元	位次	人均 GDP/ 元	位次	工业 / 亿元	位次
南昌市	72.29%	1	4401.65	1	82 472	2	1708.38	1
新余市	68.50%	2	1036.19	8	88 548	1	467.98	8
萍乡市	67.03%	3	1001.82	9	52 516	4	475.42	7
景德镇市	64.79%	4	849.57	10	51 561	5	403.65	10
鹰潭市	55.53%	5	713.55	11	61 709	3	365.47	11
九江市	52.20%	6	2104.05	3	43 502	6	875.05	2
吉安市	47.76%	7	1467.03	6	29 888	9	526.23	6
上饶市	47.10%	8	1817.77	4	26 996	10	697.6	5
抚州市	46.65%	9	1215.79	7	30 381	8	409.78	9
赣州市	46.50%	10	2207.20	2	25 761	11	772.30	3
宜春市	46.50%	10	1781.95	5	32 269	7	700.55	4

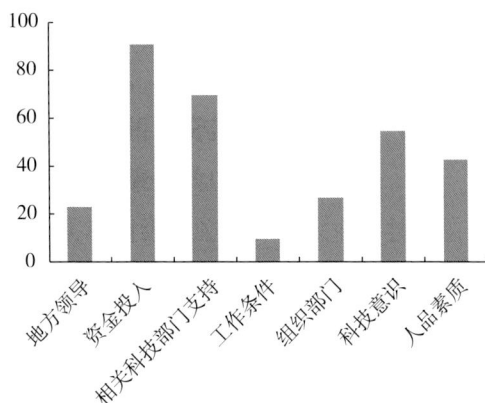

图 5-2 制约宜春市富硒产业发展的因素

5.2.2 硒资源开发利用不足

一是开发面积严重不足。宜春市富硒资源的利用率还比较低，建有富硒农产品基地 220 个、已开发利用富硒土壤 201 万亩，仅占全市富硒土壤面积（780 万亩）的 25% 左右。二是质量不够稳定。宜春富硒土壤的地质分布特点是典型的不连续分布，呈斑点状分布。目前全市部分富硒产品硒含量不稳定，使得富硒农产品标准化生产困难，市场化推广成本激增。三是标准制定滞后。富硒产品的生产、准入及市场监管，没有严格的标准可以遵循，"富硒是个框，什么都往里面装""想贴就贴"成为富硒产业长期发展的隐忧。四是产业链条不长。全市富硒经营主体有 449 家，大部分是缺乏集约化、规模化、深加工的生产经营企业，已经开发富硒农产品 70 多个种类，但基本都是初级农产品，缺乏精深加工、高附加值产品。五是龙头不够强，品牌不够响。缺乏大企业、大龙头支撑是宜春市富硒产业发展面临的最突出问题。25 家市级富硒产业龙头企业中，规模相对较大的中州米业、盛发粮油，其年产值都不到 5 亿元，难以支撑全市富硒产业上台阶、大跨步发展。近年来，涌现了宜春大米、千年食品、大观楼腐竹等一批有一定影响力的品牌，但这些品牌产品的市场占有率还比较低，富硒产业还没有一个能够在全国"叫得响"的品牌。缺乏骨干龙头企业，缺乏品牌整合，未形成独有的品牌优势和市场竞争力。六是认可度不够高。消费者对于硒的认知度普遍不高，对科学补硒的重要性认识不够。通过对超市和农贸市场消费者的随机抽样调查，发现有近75%的消费者对于富硒农产品选择"不太了解"和"不了解"。在对富硒农产品功能认知方面，仅少数消费者能够准确说出具体功能（图5-3）。同时，大部分消费者对目前本地市场上种类繁多的富硒产品难以辨别，认为商家把富硒当作产品宣传的噱头，对是否富硒表示疑虑又无从辨别，影响了消费者对富硒产品的信心。

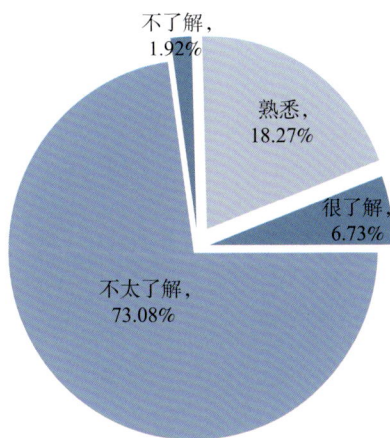

图 5-3　宜春市受调查者对富硒农产品了解程度

5.3　发展机遇

5.3.1　政策制度红利聚集

国家试验区试点政策优势明显。宜春作为"生态 + 大健康"产业试点城市，发展"富硒 + 生态 + 大健康"产业具有良好的制度创新优势条件，能够探索形成政策红利。《中共中央　国务院关于实施乡村振兴战略的意见》《乡村振兴战略规划（2018—2022 年）》《"健康中国 2030"规划纲要》《江西省"十三五"大健康产业发展规划》为宜春推进"富硒 + 生态 + 大健康"产业发展提供了政策保障。"富硒 + 生态 + 大健康"产业作为"生态 + 大健康"产业发展的亮点之一，可围绕国家对大健康产业的政策支持和法律保护，发挥宜春富硒资源优势。

宜春市成立了以书记、市长担任"双组长"的富硒产业发展领导小组，设立了正处级事业单位——宜春市硒资源开发利用中心，将富硒产业发展纳入高质量发展和乡村振兴战略考核评价体系；编制富硒产业发展规划，科学布局了"一区两带三核六园"（图5-4）。先后出台《关于进一步加快全市富硒产业发展实施意见》《以富硒产业为引领全域创建富硒绿色有机农产品大市三年行动方案（2020—2022 年）》《关于支持全市富硒产业做大做强的若干措施》等文件，2022 年印发了《关于推进全市富硒竹笋产业高质量发展的实施方案（2022—2025 年）》和《关于推进全市富硒禽蛋产业高质量发展的实施方案（2022—2025 年）》两个方案，每年安排 2000 万元专项发展资金，逐步形成了富硒产业发展政策支持体系。在袁州、丰城、万载等重点县（市、区）组建专门机构和团队建设富硒产业园。组建江西富硒产业研究院和院士工作站，成立宜春学院硒与大健康产业学院，与中国科学院、南京大学、江西农业大学等组建富硒产业创新联盟，成立富硒产业协会。

图 5-4 《宜春市富硒产业发展规划（2018—2022）》论证评审会

5.3.2 富硒产品市场潜力巨大

硒在我国分布极不均匀，除江西宜春、湖北恩施、陕西安康、宁夏中卫等几个高硒区外，我国 72% 的地区缺硒，其中，严重缺硒地区达 29%。由于土壤硒背景值较低，以及饮食结构的原因，我国人均日硒摄入量低于世界卫生组织和中国营养协会推荐的最低标准，通过农产品补硒是最安全最有效的方式，富硒农产品市场潜力巨大。富硒产业附加值高，具有"乘数效应"，可以带动种植业、养殖业、物流业、旅游业等各个产业联动发展。不仅能够拉动农业增效，促进农民增收，而且通过硒产品开发，可以做长富硒产业链条，带动产业价值链高端的富硒特色食品、休闲养生快速发展。富硒农产品与普通农产品生产方式、生产资料投入基本相同，却具有更高的经济价值，如富硒大米价格为普通大米的两倍。经实地调研得知，这一价格也可被消费者接受（图5-5）。

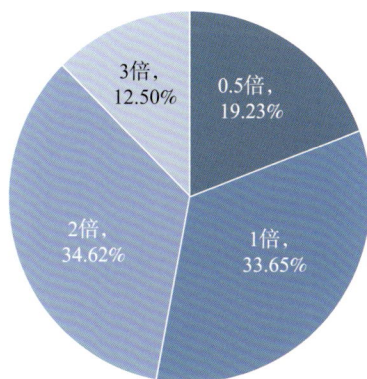

图5-5 宜春市受调查者所能接受富硒产品价格高于普通产品的倍数

5.4 面临挑战

5.4.1 富硒产业体系薄弱

一是宜春市已建成富硒农产品基地177万亩，其中千亩以上基地有165个、万亩以上基地有10个，主要富硒基地分布于袁州、明月山、上高、丰城等地，富硒企业众多。然而，富硒产业经营主体普遍规模小、分布散、实力弱，市场开拓能力不强，全市378家富硒经营主体中，省级龙头企业有66家，国家级龙头企业仅有5家（表5-5）。目前已开发富硒产品70多类，但单产品产量低，且以农产品、初级加工产品居多，缺乏面向中高端消费市场的精深加工产品和高附加值产品。二是一二三产业融合不够，资源优势没能充分发挥。富硒服务业尚处于探索阶段，富硒种养业、加工业与旅游业、康养产业的结合还不够紧密，全产业链融合深度不够，产业链条较短，与恩施、安康相比尚存在较大的差距。三是研发投入不够，与国家级科技研发平台合作不够，富硒食品产业、富硒医药产业产品附加值较低。四是尚未充分发挥独特的富硒资源禀赋优势。宜春有很好的富硒土壤资源，其为"富硒 + 生态 + 大健康"产业的发展提供了良好的基础，但尚未将"富硒 + 生态 + 大健康"有机结合，与大健康有关的富硒功能性食品和保健食品的研发非常滞后。五是富硒文化产业亟待进一步挖掘。有富硒产品，无富硒文化。全市通过"两品一标"认证富硒农产品 502 个，完成富硒农产品认证 175 个，注册富硒农产品商标 260 个，种类丰富，但都没有开展富硒文化方面的体验，生产者和消费者对于"为什么要补硒""硒有什么作用"都不清楚。

表 5-5　宜春市各县（市、区）省级以上富硒龙头企业

单位：家

县（市、区）	省级龙头企业	国家级龙头企业
袁州区	11	1
樟树市	9	1
丰城市	7	1
靖安县	2	
奉新县	6	
高安市	9	1
上高县	7	1
宜丰县	3	
铜鼓县	3	
万载县	7	
明月山	2	

5.4.2 富硒产业推进合力分散

一是社会层面对富硒产业的重视程度不够。宜春市级层面把富硒产业作为宜春农业首位产业来抓，但首位产业没有首位重视、首位支持、首位待遇，虽然思想上都很重视，但行动上支持力度还不够，在结合自身职能推动富硒产业发展的过程中存在畏难情绪，更多的是市委市政府及农业农村部门单一性的重视。二是财政金融对富硒产业发展支持不足。市级富硒产业专项资金仅能满足基地建设、品牌打造、宣传推介等，对市场主体在科技研发、园区建设、产品开发、市场开拓等方面的支持不足，有关行业部门的产业发展资金未能聚合到富硒产业上。三是县（市、区）聚焦发展富硒产业的力度还不够。只有袁州区参照市级成立了硒资源开发利用中心，高安市正在预备成立专门机构，很多县（市、区）没有专职机构和工作人员，投入的人力、物力、财力等资源少，缺少有力的支持政策，未能有效激发经营主体从事富硒产业的积极性。

5.4.3 富硒产业标准化程度不高

我国现有标准体系中涉及具体富硒产品的只有富硒稻谷、富硒茶，虽然各地相应也制定了一些富硒产品的地方标准，但标准之间还存在一些差异，导致富硒产品生产无章可循、富硒产品管理无法可依，严重影响了富硒产品的质量、信誉、营养保健效果及富硒产业的发展。

在如何加强富硒产品管理、保证质量安全、保护消费者合法权益等方面，宜春市富硒产业面临着如下挑战：一是宜春市资源分布特点导致富硒农产品生产和加工的标准化推进存在困难。受土壤硒含量不均、农作物聚硒能力差异、生产加工过程中硒流失等因素影响，推进标准化种养殖难度大。因原材料中硒含量不稳定，增加了工业化富硒产品达标难度。二是富硒产品标准不全面，富硒产品生产标准化困难。还存在富硒产品国家标准少，地方标准不统一的问题，富硒产品国家标准目前仅有《食品安全国家标准 预包装食品营养标签通则》（GB 28050—2011）、《富硒稻谷》（GB/T 22499—2008）。近年来，宜春市虽然制定了多项硒地方标准，鼓励、支持社会团体和企业制定了不少团体标准、企业标准，但标准执行力度不够，配套的生产加工技术规程少，无法满足富硒企业标准化生产需求。三是从事富硒农业的专业技术人员匮乏。富硒种养业、富硒农产品精深加工等迫切需要的先进适宜性技术严重短缺，现有农业科技人员的知识深度和广度不够，特别是掌握富硒产品生产、储藏、加工等的专业技术人员严重缺乏。

5.4.4 品牌实力和影响力不够大

宜春市现有的富硒农产品缺少应有的品牌竞争力，产品销售市场有限，制约了产品价值。比如，2021年宜春大米品牌价值为60亿元，奉新大米品牌价值为15.258亿元，靖安白茶品牌价值为14.22亿元，与国内同行业一线品牌相比还有较大差距。此外，富硒品牌管理不到位，运营监管机制有待进一步加强。公用品牌知识产权价值发挥不充分，地理标志商标、地理标志保护产品等知识产权存在"重申请、轻运用"问题，缺乏对知识产权的市场运营。企业在品牌运作中各自为政，没有形成合力，品牌优势难以发挥，缺乏有影响力的龙头企业和"冠军"单品。

在宜春市中心城区和交通要道只有个别富硒产品的宣传标识，没有"世界硒养之都"形象宣传牌，宣传氛围不够浓厚，与同为富硒区的恩施相比还有明显差距。相关行业部门宣传富硒产业的主动性不强，到外地开展的招商推介活动虽然大多有富硒企业和产品参展，但活动主题聚焦"富硒"力度不够，没有用好"世界硒养之都"金字招牌。同时，硒知识的宣传与普及还有待加强，群众对硒的认知度不高。

5.5 解决对策

5.5.1 宜春市富硒农业发展总战略

发展富硒产业，构建农业产业生态时期较长，富硒农业产业化发展一般应经过3个阶段。第一个阶段属于初级生长阶段，这一阶段是富硒品牌打造、地域知名度形成及体系建立的时期。该阶段一般由政府主导，根据本地富硒农产品的特点因势利导，构建产品品牌、投入资金、注册地域商标、规划产业，再由龙头企业带动发展，形成产业链条。

富硒农业产业化发展的第二个阶段是多方融合发展阶段。包括富硒农产品的品牌化、标准化、企业龙头化、产业整合化等过程的融合。这一阶段需要对市场、品牌运营有足够的认识，需要政府因势利导，帮助地方企业、合作社、农户发展市场及提升品牌价值。

富硒农业产业化发展的第三个阶段是良性循环发展阶段。通过前两个阶段的基础工作，形成了较为完整的产业群链体系，最终实现产业的生产规模化、技术专业化、系统标准化、经营一体化及发展持续化（图5-6）。政府、企业、合作社、农户之间的配合度越高，整个产业生态就越高效，富硒产业的效益就越好，表现在现实中，就是有越来越多的消费者食用富硒农产品。

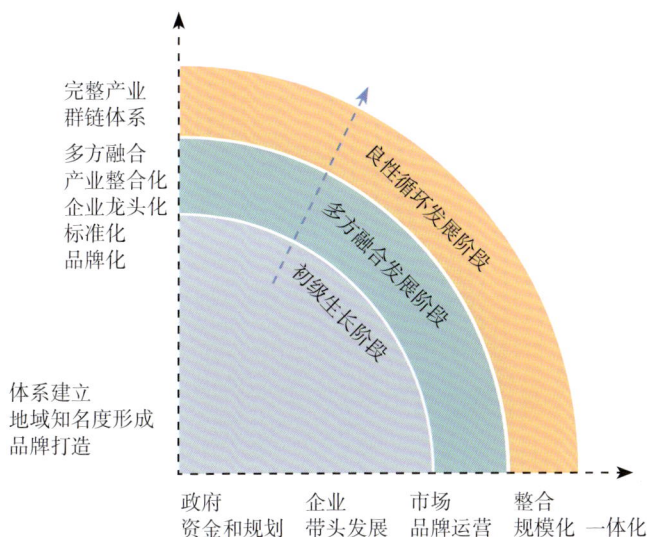

图 5-6 富硒农业产业化的 3 个阶段

在产业发展期，形成一二三产联动效应，以期打造宜春千亿富硒绿色有机产业链，具体战略为"三个提升""三个着重""三个完善"，分别为：提升基地建设水平、提升产品深加工水平、提升硒旅融合发展水平；着重做好科技创新支撑、着重做好产业配套支撑、着重做好品牌打造支撑；完善产业服务体系、完善政策支撑体系、完善措施保障体系。

5.5.1.1 三个提升

（1）提升基地建设水平

一要做大基地规模。在现有 100 余万亩的富硒产业基地基础上，把富硒功能农业与乡村振兴工作相结合，依托龙头企业、合作社等建立一批高标准富硒种植、富硒养殖基地。二要做深产业园区内涵。依托已有的现代农业示范园区，进行富硒功能农业技术研发、生产示范、加工推广的叠加，提升产业园区内涵。三要做好基地检测认证。开展三品一标认证及富硒农产品认证，对合格的基地统一设立固定标识牌，全面提高富硒基地质量安全管理水平，实现基地规范、标准化生产。

（2）提升产品深加工水平

一是升级发展，针对已有的特色深加工食品，运用本地产的富硒农产品原料、高硒食材、硒营养强化剂等进行富硒升级，发展富硒预包装食品、富硒休闲食品。二是跨越发展，瞄准富硒膳食产品、富硒保健产品等富硒深加工产品，突破关键技术和生产工艺，持续做强"硒＋加工业"，全面提升宜春富硒产品的知名度和影响力。

（3）提升硒旅融合发展水平

一是升级优化宜春"硒游记"旅游线路。将生产基地、自然景观、文化古迹、户外运动等与富硒康养有机结合，精心设计富硒养生休闲旅游线路，吸引游客参观富硒基地、体验富硒产品、品尝富硒宴、了解硒标准、识别硒标识、购买富硒产品。二是谋划建设"国际硒养中心"等硒旅融合项目。吸引国内实力较强的富硒产业开发企业，建设硒养综合体，打造集科研、认证、科普、体验、孵化等功能于一体的国际硒养中心，带动宜春成为全省富硒产业的示范引领区、全国富硒产业的重要聚集区、全球富硒康养的绝佳目的地。

5.5.1.2 三个着重

（1）着重做好科技创新支撑

一要招才引智。加强与国际硒研究学会、国家功能农业科技创新联盟等国内外硒领域知名科技协作平台的合作，积极参与国际合作和国内协作项目；同时，依托国家功能农业科技创新联盟，将国内富硒功能农业领域的一流团队引到宜春开展项目合作和成果对接。二要标准先行。积极参与富硒功能农业相关国家、行业和地方标准的制定，掌握标准话语权，同时，积极制定江西富硒产品的生产技术规程。

（2）着重做好产业配套支撑

利用好宜春富硒展示馆、明月山富硒科普馆、万载富硒有机科技馆等科普平台，将其作为宜春富硒产业重要展示窗口和推进平台。此外，开展富硒产业龙头企业培育和产业招商行动。鼓励涉硒企业扩张改造、股权重组，着力打造一批具有完整产业链、较强竞争力和较高知名度的富硒产业领军企业；同时，大力开展富硒产业招商，精心策划招商项目，制定出台富硒种养基地建设、产品精深加工招商奖补政策，整合推出富硒产业投资项目，引进企业来宜春落地。

（3）着重做好品牌打造支撑

在打造宜春"世界硒养之都"公共品牌的同时，助力企业自主打造一批特色品牌产品，鼓励并引导富硒经营主体针对所开发的富硒产品申请商标、专利，进行"三品一标"等认证。持续举办"宜春国际硒养大会"，将宜春国际硒养大会办成媲美恩施硒博会等业界知名大会的品牌盛会，唱响宜春富硒品牌。

扩大品牌影响。支持经营主体参加省内外的展示展销会，支持宜春富硒产品全国体验店、专卖店（专柜）的建设，通过各类节庆会展活动扩大宜春富硒产品的影响力；借助媒体做宣传，加强与央视等高端媒体的合作，加大宜春富硒产业的宣传力度，提升宜春"世界硒养之都"的知名度和影响力。

5.5.1.3　三个完善

（1）完善产业服务体系

一是要推进富硒产业的社会化服务体系建设。鼓励专业的富硒农业社会化服务组织参与宜春富硒产业的基础建设和产业打造。

二是构建现代商贸流通体系。线上与线下同时发力，与国内知名电商和新零售平台合作，建设富硒产品销售网络、物流配送中心、电子商务中心、富硒产品特色店等，形成现代富硒产品流通网络。

（2）完善政策支撑体系

一是落实专项政策。切实推进出台的富硒产业基地建设、科技创新、标准制定、品牌创建和宣传推介等政策落地，让涉硒主体切实享受到产业推进期间的政策红利。二是加大金融支持。加大对重点企业的信贷投放力度，加大对中小企业的金融扶持力度，加强税收激励，积极引进富硒产业综合体、产业园等重大项目，加快富硒产业建设进度。三是创新扶持方式。综合运用政府采购服务、以奖代补、财政贴息、股权融资、过桥资金等措施扶持企业做大做强，助推优质招商引资项目落地。

（3）完善措施保障体系

一是细化富硒产业实施方案。根据实施方案明确项目清单、责任领导、责任部门及进度安排。二是落实责任。落实好富硒产业发展领导机制，将富硒产业发展列入乡村振兴战略考核评价体系，建立定期调度机制，强化督查考核。

5.5.2　健全体制机制，构建支撑富硒产业持续健康发展的政策体系

深化体制机制改革，构建并完善与富硒产业发展相适应的组织、管理及保障体系，激发富硒产业发展的驱动力，增强各部门、各级领导推进富硒产业工作的积极性和主动性，促进富硒产业发展规划落地。一是进一步加强组织保障。为加快推进富硒产业发展规划落实，应强化富硒产业发展领导小组的统筹协调督办作用，定期组织召开由主管领导参加的富硒产业推进工作会议，对富硒产业发展提升工作进行安排部署。二是进一步理顺管理机制。依据部门职能权限，划分落实各部门责任区；强化考核激励，将推进富硒产业发展成效作为考核相关部门和领导班子工作绩效的重要指标。三是进一步完善政策配套。制定并完善鼓励富硒企业开展技术创新、做大做强等涵盖人才引进、平台搭建、税收优惠等的一系列政策措施；统筹整合各行业、各类别、各渠道扶持产业发展的资金，设立发展引导基金，带动社会资本、金融资金向富硒产业集聚，发挥资金叠加效应，助推富硒产业集群发展。

5.5.3 加快富硒产业标准体系建设，保障富硒产业科学规范发展

健全富硒产品标准体系，加强富硒产品标准化管理，促进富硒产业科学规范发展。一是构建富硒产业的标准体系。依托中国科学院、中国科技大学苏州研究院、宜春富硒产业研究院、江西省硒农业工程技术研究中心（宜春学院）及江西农业大学等科研机构，围绕富硒大米、富硒蔬菜、富硒畜禽等，加快推动产地环境、栽培、加工、销售及售后服务全过程技术规程（规范）和检验检测方法的制定，初步建立与地方、团体及企业标准配套的产前、产中、产后全过程的农业标准体系（图5-7），延伸富硒产业链条。二是加强富硒产品标准化管理。对天然富硒产品进行原产地认证，加快"三品一标"认证，对富硒产品标识、品牌实行规范管理，为名特优富硒产品产地追溯提供依据。三是推进"互联网+"与富硒产业生产、经营管理和服务等各个环节的深入融合。将实时监控、云计算及二维码等技术应用于富硒产品从生产加工到流通消费全环节、全过程的监管，实现富硒产品的可追溯化，为人们提供真正安全、优质的富硒产品。建设一批富硒农产品标准化生产基地，制定相应的富硒农业生产技术规程，打造集富硒农产品深加工、储藏、销售、休闲旅游等于一体的富硒产业园，展示出环境安全与农业可持续发展示范效应。

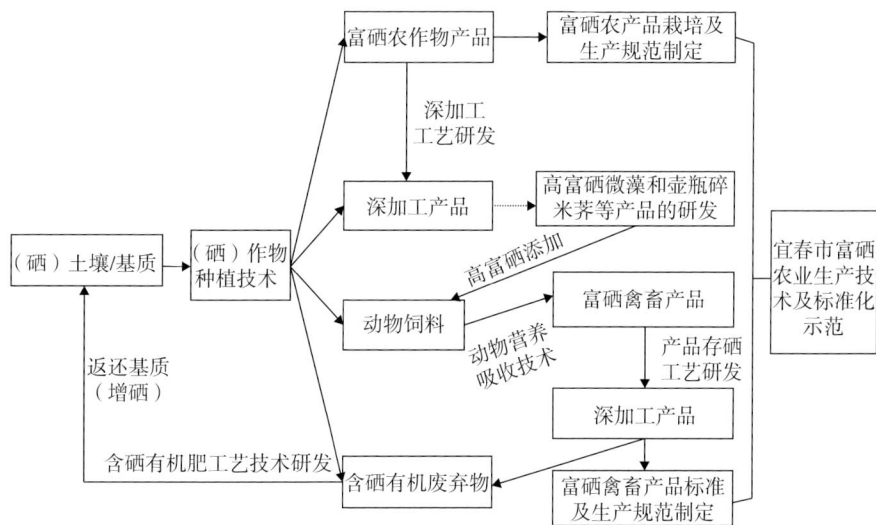

图 5-7 宜春市富硒农业生产技术及标准化发展路线

5.5.4 加强科技支撑保障，夯实富硒产业发展基础

充分发挥已有平台力量，打造省级富硒科技创新体系，加强对制约富硒产业关键技术和瓶颈技术的研究，为富硒产业良性健康发展提供科技支撑。一是推进富硒科技创新体系建设。以富硒大米、富硒油茶、富硒中药材、富硒水果、富硒蔬菜、富硒畜禽等领域为重点，依托已有富硒科研创新平台，聚焦一批来自富硒优势企业、高等学校和科研院所的优秀科研专家，建设省级富硒科技创新体系，以发挥对富硒产业技术创新的核心引领作用。二是加强富硒领域相关研究。瞄准富硒产业链关键环节，加强生物富硒与有机循环农业相结合，重点从硒与人体健康关系及富硒产品精深加工技术方面开展系统化研究，解决制约富硒产业发展的关键问题。三是加强跨区域合作。充分利用国内外在富硒科技方面丰富的研究成果，鼓励有实力的富硒企业建设技术转移中心，推动富硒技术的跨区域转移。

第六章　宜春市富硒农业科技服务体系建设

富硒农业作为新兴功能农业的杰出代表，发展前景非常广阔，而其高质量发展需要科技创新的引领与推动。本章对宜春市农业科技社会化服务现状进行分析，找出问题之所在，进而有针对性地提出提高农业科技服务效能的建议，构建以农业技术推广机构、高校和科研院所、企业等市场化社会化科技服务力量为依托，开放竞争、多元互补、协同高效的农业科技社会化服务体系及服务模式，促进产学研深度融合，推进富硒农业的高质量发展。

6.1　宜春市富硒农业科技社会化服务现状

（一）建设企业科技创新平台，开展农业科技推广示范行动

宜春市政府支持企业和研发机构建立了一批创新服务平台，以促进产业聚集和快速发展。一是建立了农业科技园。全市共有国家级农业科技示范园2个，数量居全省第一，分别是宜春国家农业科技园和江西丰城国家农业科技园，组建了8个省级农业科技示范园，实现了每个县（市、区）科技园区全覆盖。二是建立了一批国家级众创空间。目前，全市建立国家级星创天地10家，包括江西金农米业集团有限公司的"现代鹌鹑产业星创天地"，江西省鑫隆农业发展有限公司的"鑫隆中药材产业星创天地"，万绿佳生态农业开发有限公司的"万绿佳功能农业星创天地"等。此外，还建设了省级星创天地18家。三是建立了一批工程技术研究中心。2018年，江西恒衍禽业有限公司获批建设江西省鹌鹑工程技术研究中心，江西恒顶食品有限公司获批建设江西省谷物精深加工工程技术研究中心。

（二）科研院所结对帮扶，开展科技服务示范带动行动

宜春市政府高度重视贫困村的重点结对帮扶工作，积极开展科技脱贫示范带动行动，依托科研院所产业转化优势，使产业扶贫由"输血"变为"造

血",确保精准扶贫。例如,上高县斜溪村是省级贫困村,也是宜春学院扶贫点,宜春学院帮助该地建设完成 10 多项民生基础设施项目,投入项目资金 200 多万元。该校汪剑鸣教授依托斜溪村富硒土壤和充沛的水源,试点种植红心柚,鼓励大力发展甜心柚、蔬菜及富硒水稻,打造斜溪品牌;斜溪村的村容村貌得到了极大的改善,村里成立了种植合作社,村级小学教学条件得到较大改善,老百姓致富增收有了新途径。此外,由宜春学院生命科学与资源环境学院博士、教授组成的宜春学院科技特派员团队,依托学院人才和技术优势,创新服务模式,以团队服务、共存共进的方式对铜鼓县深度贫困村开展了科技帮扶工作。科技团队因地制宜,针对深度贫困村——棋坪镇丰坦村农业结构和产业发展状况,进行重点科技帮扶。支持油茶产业及养蜂产业,形成种养结合、长短互补的村级产业发展布局;针对港口乡港口村集体经济薄弱、劳动力成本高的情况,大力发展红薯产业,依托科技团队成员为江西省红薯产业体系专家的优势,实现产销对接,助力产业扶贫和贫困户就业,壮大集体经济。科技特派员团队抱团服务,把脉诊断,热心解困,发挥专业特长以解决农业生产发展的实际问题,瞄准精准扶贫的重点难点以提高科技扶贫成效,其做法深受贫困村党员群众的欢迎。

(三)深入推行科技特派员制度,开展农业专家进村帮扶行动

宜春市科技特派员深入农村开展科技帮扶、产业指导、技术帮扶,签订帮扶协议,组建了奉新猕猴桃工作站等 20 个工作站、高安肉牛养殖产业技术示范基地等 29 个示范基地。2019 年,宜春市政府立足农村发展客观需要,从相关高校、科研院所和当地优秀人才中选拔科技特派员,派驻到 26 个村开展"五个一"帮扶活动。活动开展以来,共开展培训 20 次,培训人数达 395 人次,其中培训贫困户 212 次,开展科技服务 73 次,引进新技术 22 个,引进新品种 10 个,引进科技项目 15 个,带动帮扶农户人均增收 0.4 万元,发挥了科技社会化服务的积极作用。

6.2 高校富硒产业研发平台

6.2.1 硒农业工程技术研究中心

江西省是我国的农业大省，近年来不断大力发展高效特色农业，力求从传统农业大省向现代化农业强省奋进。农业的发展离不开土地资源，江西省具有丰富的天然硒资源。江西省地质调查研究院仅调查全省62.01%的国土面积就发现富硒土地面积达13 900平方公里，占调查总面积的13.43%。根据最新的调查，宜春市富硒土壤面积达到5200平方公里，占全省富硒土壤面积的37.4%，是全国三大著名天然富硒区之一。目前，江西省赣西地区正着力打造袁州、明月山、上高、高安、丰城、宜丰等富硒产业带，对该区域的富硒大米、富硒油茶、富硒茶叶和富硒猕猴桃已分别制定富硒食品硒含量分类标准，其已经成为江西省地方标准。

宜春学院顺应时代要求，组织一批相关教授、博士较早地开展了富硒农业、富硒食品与硒健康等方面的研究工作，并与相关科研院所及地方富硒产品生产企业积极开展合作，获得了一些专利、论文及专著等研究成果，在此基础上，宜春学院进一步整合现有科技人员，吸纳优秀青年加入研究队伍，向江西省教育厅申请成立"江西省高等学校硒农业工程技术研究中心"，旨在以硒农业为主题进行富硒农产品的基础与应用研究，破解农产品深加工、产业化等关键技术难题，引领富硒农产品加工领域实现技术进步，缩小与国内外先进技术的差距。

（一）团队组织结构

硒农业工程技术研究中心设立于宜春学院，中心组织机构设日常管理人员与项目研发团队，团队成员包括4名教授及20余名博士（图6-1）。由相关领域专家成立技术委员会，技术委员会领导项目研究团队开展基础研究与成果应用转化工作。与江西省作物生长发育调控重点实验室、江西省天然产物活性成分重点实验室共享实验平台。

①硒农业工程技术研究中心主任、技术委员会主任。主要负责硒农业工程技术研究中心总体筹划，负责与宜春市政府相关部门（特别是宜春市农业

农村局、宜春市科技局）联系，负责联系宜春市农业科学院、宜春市南方富硒研究院、江西省发酵研究所等单位。负责技术团队研究项目的审批和验收。

②硒农业工程技术研究中心副主任。主要负责硒农业工程技术研究中心日常工作，如文化建设和宣传工作。负责与宜春学院学报编辑部联系富硒专栏建设事项。负责资料收集、整理、编撰、出版等事项。负责富硒农作物生产及富硒农产品加工工艺等研究。负责经费管理。

③硒农业工程技术研究中心秘书。协助硒农业工程技术研究中心副主任进行日常工作管理，负责与相关科研合作单位对接，负责与宜春市相关硒产品生产企业联系。负责工程技术研究中心实验平台的管理与完善。负责宜春大米、宜春茶油等涉硒功能农产品的标准编制。

④技术委员会副主任。负责对硒农业工程技术研究中心工作的全面指导，协助技术团队研究项目的审批和验收。

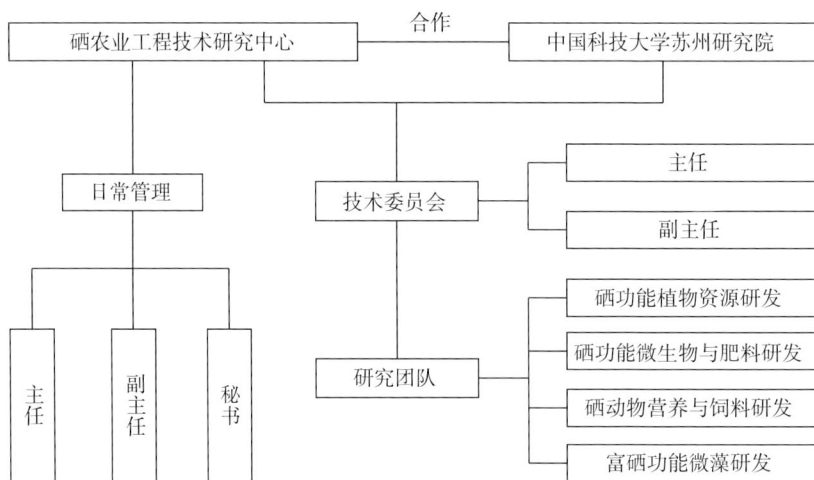

图 6-1　团队组织构架

（二）主要建设内容及研究开发内容

（1）硒功能植物资源研发方向

①利用本地特色粮食作物、经济作物、中草药资源等硒富集植物，系统研究其硒素积累特性，挖掘和鉴定硒积累相关基因，研究其对硒的吸收、转

化特征，为实现硒资源的高效利用提供理论基础；利用植物组织培养、基因工程等技术提高作物（如水稻、蔬菜）富硒能力，促进植物体内从无机硒到有机硒的转化，培育出一批优质、高产、多抗、资源高效利用、环境友好、具有市场竞争力的富硒作物新品种。

②对富硒地区药食两用资源、中药材资源进行广泛调查，对筛选出的富硒植物资源开展规模化栽培，提取富硒植物中的有效成分，开展富硒植物营养保健产品等方面的研究。

（2）硒功能微生物与肥料研发方向

①研发土壤活化硒微生物添加剂，以提高土壤有效硒的水平；研发富硒微生物残体肥料，即培养高富硒能力的微生物，把其残体添加到土壤中以直接提高有效硒含量。

②利用生物发酵富硒农作物秸秆、农产品加工副产物、畜禽粪便和海产品副产物及相关螯合技术研制富硒功能性有机肥与液态肥；针对目前硒肥高毒性、有效期短的特点研发缓 / 控释微生物肥料。

（3）硒动物营养与饲料研发方向

①以万载康乐黄鸡为动物模型开展饲料中不同水平与来源的硒对母鸡生产性能、鸡蛋品质和蛋硒含量的影响的研究，筛选出满足富硒蛋要求的不同硒源的最低添加量；通过研究饲料中不同水平与来源的硒对母鸡生产性能、血液硒含量、肉品质和肌肉硒含量的影响，筛选出满足富硒蛋要求的不同硒源的最佳添加量；通过研究饲料中不同水平与来源的硒对富硒鸡蛋和富硒鸡肉的影响，重点挖掘调控富硒鸡蛋和富硒鸡肉的功能基因分子，为功能性富硒鸡蛋和富硒鸡肉的生产提供理论与技术支撑。

②利用生物发酵技术研制富硒蛋白质饲料、富硒能量饲料和富硒青贮饲料。利用富硒农作物秸秆、农产品加工副产物、海产品副产物等可循环资源，通过生物发酵技术和外场强化技术（超声波、微波及机械活化等）研制富硒蛋白质饲料、富硒能量饲料、富硒青贮饲料及其他功能饲料。

（4）富硒功能微藻研发方向

①硒在藻体中可与脂多糖及蛋白结合形成硒蛋白而完成有机硒转化，微藻大多含有丰富的营养及生物活性物质，对许多微量元素及化合物具有较强的富集作用，因此微藻是一类选择性好、高效、成本低、操作简便的生物富集体和有机硒的生物转化良好载体。

②藻类具有将无机硒转化为有机硒的能力，从而实现硒的富集和有机化。以此为基础，将富硒微藻开发成系列产品，可作为食品、保健品、动植物饲料的添加成分。

（三）学术交流与合作

国际硒研究学会主席 Gary 教授到访硒农业工程技术研究中心，并做学术报告及与团队成员进行交流（图6-2、图6-3）。

图6-2　国际硒研究学会主席 Gary 与团队成员进行交流

图6-3　团队与国际硒研究学会主席 Gary 一行合影

硒农业工程技术研究中心与国内多家科研单位都有合作交流的基础，包括国家富硒农产品加工技术研发专业中心、中国科技大学苏州研究院等，聘请中国科技大学苏州研究院功能农业重点实验室主任尹雪斌教授为高级顾问（图6-4）。硒农业工程技术研究中心被评为"硒产业技术与健康中国创新平台联盟"常务理事单位，联盟成员均为全国各省市富硒产业的重点科研单位和龙头企业，有畅通的渠道以保障国内富硒产业的交流与合作。目前，团队成员已参与到中国科技大学苏州研究院功能农业重点实验室的研究工作中，每年定期委派两位科研人员参与合作单位的项目研究，并共享合作成果。

图 6-4 聘请尹雪斌教授为高级顾问

（四）发展思路

（1）短期宜春学院硒农业平台发展目标

以硒农业工程技术研究中心为起点，对外加强与相关科研单位及农业企业的合作，对内加大实验室建设与人才投入，借助江西省硒产业发展东风，筹划申报建设江西省功能农业与环境健康重点实验室，形成包括教授与博士20人、硕士研究生20~30人的科研队伍。除团队申请项目外，每年获得至少50余万元的建设与研究经费，每年计划完成10篇以上高档次论文，申请10项以上发明专利，出版1~2本相关著作。该平台主要开展以功能农业应用研发为主，基础研究为辅的研究路线。

（2）长期宜春学院硒农业产业工作目标

以硒农业研究为窗口，融合食品加工、医药保健、健康养生、生态旅游等相关学科，形成多学科联动的"大农业＋大健康"复合产业格局。简单来说，就是传统意义上的农业，即一产，要与旅游、康养等三产服务业有机结合起来。一方面，从消费端的健康消费需求，即"吃出健康"，驱动一产和三产向健康产品转型升级，这就需要宜春"大农业＋大健康"复合产业来生产功能健康食品；另一方面，从供给端来看，按照供给侧结构性改革的精神，要想让一产带动三产升级发展，也需要注入新技术、新理念。宜春学院学科门类丰富，生科院、化生院、美容医学院、医学院等学院都有对接"大农业＋大健康"复合产业的相关学科。宜春发展"大农业＋大健康"复合产业具有得天独厚的优势，既有丰富的天然富硒资源，又有明月山等丰富的康养旅游资源。因此，宜春学院将借助地理优势与学科优势，开展"大农业＋大健康"方向的产学研工作，力争成为串联起地方政府、企业与研究院所的纽带，为提高区域经济发展、拉动农业增效、促进农民增收而努力，助力江西省实现从传统农业大省到现代农业强省的转变。

6.2.2 宜春学院硒与大健康产业学院

（一）建设背景

江西省是我国的农业大省，近年来江西省不断大力发展高效特色农业，力求从传统农业大省向现代化农业强省奋进。目前，人们对含硒类功能产品日渐增长的强大需求与硒农业产业现有的加工水平较低之间出现矛盾，这严重制约了江西省硒农业的发展。现阶段对硒产品的加工大多还处于原始原料的简单富硒阶段。富硒产品的精深加工和产业升级需要大量与硒科学相关的专业人才和大量的技术应用型及管理型人才。硒功能农业高等教育的开展、硒科技创新研究、硒农业产业建设、硒品牌产品培育、硒产品营销推广等各类举措，将会进一步推动江西省硒农业品牌的提升，扩大江西省硒农业品牌在国内外的知名度和影响力。但是，在江西省地方应用型高校的专业培养体系中，尚未建立硒农业本科人才培养知识体系与实践体系，无法满足江西省硒功能农业快速发展对专业人才的需求。

宜春学院是宜春市唯一一所综合性高等院校，其农学专业为国家特色专业，园艺专业为国家级专业综合改革试点，环境科学专业为国家"双万计划"江西省一流专业；建有两个省级涉农科研创新平台和一个市级重点实验室。学校科研实力雄厚、设施设备齐全，硒产业技术创新和应用经验丰富。宜春学院硒与大健康产业学院（简称"硒与大健康产业学院"）立足于硒资源和宜春学院的科研优势，引导硒资源开发、应用，建设硒产业转化和应用基地，培养服务产业需要的中青年专业技术人才，为产业改造升级、人才培养、成果转化合作等提供技术支撑，为赣西地区硒产业的科技创新培养和贮备人才，服从服务于地方经济发展，对赣西地区乃至整个江西省的硒产业发展非常重要和十分必要。

（二）建设思路与建设目标

（1）建设思路

依托二级学院中农学、园艺学、环境科学、动物科学等国家级及省级一流专业、省级科研创新平台和领军学者，构筑产学合作教育模式。依托产学研战略联盟，设置校企合作的院务委员会、专业委员会，有效地整合学校和企业的教育资源实现校企联合办学，进而将产业需求导向落实在专业结构调整、专业课程设置和人才培养中。学校依据教育和生产劳动相结合、理论学习与社会实践相结合的教育方针，创建具有鲜明特色的产学合作教育模式。

（2）建设目标

硒与大健康产业学院基于"地方性应用型有特色"的办学思路，立足于江西，服务于我国乡村振兴战略和大健康战略，以促进区域农业可持续发展为宗旨，不断凝练学科方向，优化学术团队，搭建学科平台，突出创新驱动，构建高效社会服务体系，增强整体实力与核心竞争力，将学院建设成特色鲜明、优势突出的现代产业学院。

硒与大健康产业学院以人才培养为核心，完善产教融合协同育人机制，创新企业兼职教师评聘机制，着力打造集产、学、研、转、创、用于一体，互补、互利、互动、多赢的实体性人才培养创新平台；不断创新发展，构建与产业集群创新联动机制，加强区域产业、教育、科技资源的统筹和部门之间的协调，探索完善现代产业学院建设新模式。培育一批基础扎实、知识丰富、技术先进，技能熟练，能够在相关企事业单位进行生产应用、科技推广、产业开发、经营管理等方面工作的"创新型、复合型、应用型"人才。

（3）组织架构

硒与大健康产业学院以宜春学院为依托，成立了产教融合领导小组与专业理事会，硒与大健康产业学院下设综合办公室、协同育人基地、特色硒产品基地、试验基地、成果转化中心、师资团队、培训中心、研发中心、技术服务中心等部门（图6-5）。在学校原有规章制度基础上进行了改革，硒与大健康产业学院创新校企协同育人机制，建立健全了学院的纪检监察、人事、财务、采购、基建、科研管理和审计等重大权利的规章制度和管理办法，合理分配权利与义务，促进产教深度融合。

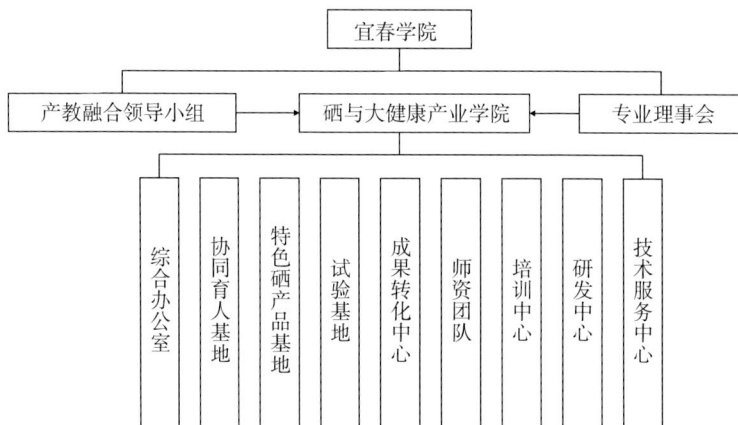

图6-5 硒与大健康产业学院组织架构

（三）人才培养模式

（1）校企合作办学模式

硒与大健康产业学院采用"2+1+1"模式，即2年在校内完成基础理论学习、专业课程学习、专业基本技能锻炼等内容，1年在企业相关岗位完成实习，1年完成毕业实习、毕业论文及就业择业。具体合作模式有以下几种。

1）企业介入前置，订单化人才培养模式

以学校为主体，学校与企业共同制订教学计划、课程设置和培训标准。学生在合作企业完成生产实习和岗位实习，毕业后继续在企业工作，实现教学、实习、就业的无缝衔接。

2）合作开发产业课程

引导行业企业深度参与教材编制和课程设置，设计课程体系、优化课程结构。加快课程教学内容迭代，关注行业创新链条的动态发展，推动课程内容与行业标准、生产流程、项目开发等产业需求科学对接。引进企业管理人员进行教学，与专业课老师合作编写相关教材和课程案例。

3）引进产业教师进行产业与教学融合模式

以学校实训基地为依托，引进产业教师开展校企"产教融合"的校企合作模式。通过生产企业现场的培训为学生提供真实的环境，形成教育与产业的结合，实现教学服务企业、企业促进教学的双赢局面。

（2）专业方向建设

硒与大健康产业学院聘请了园艺学、农学、环境科学、动物营养学、食品科学和医学等相关专业 50 余位博士、教授及企业内技术专家作为专业教师，坚持立德树人，紧密围绕硒产业特点，结合产业与市场变化及时更新教学理念，结合产业实现产学研的应用成果研究与转化，打造符合产业需求的课程方向（包括富硒植物资源、富硒微生物、富硒动物营养、富硒食品、硒检测与富硒标准等），鼓励编撰教材；积极优化教学模式，并邀请企业技术与管理人员走进课堂，结合网络授课等方式，开阔学生视野。

（四）服务地方发展

（1）形成了高素质的博士科研团队，服务地方富硒产业经济发展

硒与大健康产业学院聘请了中国科学院功能农业奠基人赵其国院士为首席顾问，中国科学技术大学苏州研究院功能农业重点实验室主任尹雪斌教授为高级顾问。硒与大健康产业学院授课教师、管理教师和实习指导教师共 50 余人，由农学、园艺学、环境科学、动物科学及人体营养健康等方向的 4 名教授和 25 名博士及 22 名中高级职称的专业技术人员组成。此外，硒与大健康产业学院在其他合作企业特聘了 30 余名兼职专业技术人员。

硒与大健康产业学院教师积极服务地方建设，团队主动对接富硒企业解决实际生产问题，10 余名教授和博士分别成为江西省与宜春市富硒企业科技特派团成员。团队撰写的《有关加快宜春硒农业生态与大健康产业发展的建议》获得了宜春市副市长兰亚青的肯定。此外，团队成员在江西星火农林科技发展有限公司作为技术顾问指导富硒海鲜菇的种植和加工，开展的工作在中央电视台进行了报道。

（2）搭建了省级科研平台，以科技创新推动富硒产业发展

硒与大健康产业学院的研发中心申报并获批了"江西省高等学校硒农业工程技术研究中心"和"国家粮食产业（功能稻米）技术创新中心宜春分中心"，并成为"硒产业技术与健康中国创新平台联盟"常务理事单位，"国家功能农业科技创新联盟"副理事长单位，以及"江西富硒产业创新联盟"副理事长单位。硒与大健康产业学院现已与苏州硒谷科技有限公司、江西星火农林科技发展有限公司等10余家省内外知名农业种植、研发及检测机构签署科研合作协议，和富硒产业重点科研单位和龙头企业开展了广泛的交流与合作。

（3）建设了校企紧密合作的专业实践基地，为富硒产业培养和输送本科人才

依据硒与大健康产业学院人才培养方案和校企联合育人模式，有计划、有目标、分阶段地进行了校内外实习、实践、实训基地建设。目前，已与40家企事业单位合作建立了专业实践基地，其中企业类32家，事业单位8家。企业包括苏州硒谷科技有限公司、南京恒宝田农业科技有限公司、江西科农沃科技有限责任公司等国内外知名企业。其培养目的是让学生到生产一线去锻炼，通过一年的实习了解企业的文化、运营、制度等，为将来进入硒产业企业工作做好准备。事业单位的选择则紧密围绕产业服务这一理念，选择了宜春市科学院、宜春市农业农村局、宜春市硒资源利用开发中心等市县级事业单位。其培养目的是锻炼学生服务产业的意识，学习有关法律法规，将所学理论知识运用到日常的与农业农村相关的实践工作中去。

6.2.3　江西富硒产业研究院

江西富硒产业研究院前身为宜春市农科所、良种所、畜科所（以下简称"市'农业三所'"）。市"农业三所"在农作物新品种培育、农业新技术研发上取得了一大批科技成果，先后获得国家级奖励1项、省部级奖励33项、地市级奖励49项。基于市"农业三所"技术优势，经宜春市委、市政府研究，并报江西省委机构编制委员会办公室批复，整合组建江西富硒产业研究

院，与宜春市农业科学院实行"两块牌子、一套人马"。

江西富硒产业研究院以"立足宜春、面向南方、国内领跑、国际影响"为目标，规划建设富硒产业科技创新研发区、科研试验区、科研示范基地。目前，已成功创建市级富硒功能农业工程技术研究中心，引进全国功能农业领域权威、中国科学院赵其国院士团队建立了院士工作站。下一步，将加快推进项目建设，力争用3~5年时间，打造集科研、检测、展示、推广于一体的国家级富硒科技创新、农业技术创新平台。在富硒产业研发上聚焦三大方向：富硒低镉农作物生产关键技术研究、集成与示范，富硒农作物产品与生产技术规程标准制定，高聚硒植物资源的发掘与利用研究。希望江西富硒产业研究院进一步提升科研创新能力，为全市富硒产业高质量发展提供强有力的技术支撑。

6.3 宜春市农业科技创新联盟

宜春市围绕富硒水稻、油茶、中药材等农业主导产业和农业特色产业，搭建了一个农业高校、科研院所与各类农业企业、专业合作社、家庭农场等新型经营主体紧密合作、协同攻关的创新平台，成立了宜春市农业科技创新联盟。根据该联盟经营主体的现实短板和发展需求，精准选派农业科技特派员深入生产一线，及时发现产业发展面临的实际问题，有针对性地开展技术帮扶和指导，加快农业科技成果的转化应用，有效促进产学研用协同发展，着力提升农业产业发展核心竞争力和规模效益。

宜春市农业科技创新联盟将构建"1+1+N"的融合模式：第一个"1"即牵头主体（"盟主"），主要是村委会或者农业企业、专业合作社、家庭农场等新型经营主体；第二个"1"即首席专家，主要是市农业科技特派员（团）；"N"即若干纵向上中下游关联经营主体或横向同类关联经营主体（"盟员"）。以宜春市农业主导产业和农村经济发展实际需求为导向，通过整合各方资源，加强农业科技创新、技术集成示范、技术推广服务，逐步将宜春市农业科技创新联盟建设成为农业技术推广的服务中心、科研成果转化的示范基地和科技助力扶贫的样板工程。

6.4　宜春市富硒农业科技社会化服务存在的问题

（一）农业科技创新动力不足

①普通农产品价格不足以支持社会自我创新。农业相对工业、商业、服务业发展落后，因其是国计民生的重要保障，农业产品的价格受到指导和调控，因此农业生产的回报不足以支持社会自发的农业科技创新。

②基层科技推广机构管理缺失，人才缺乏。宜春市各县（市、区）的农科所、林科所等基层科研机构归口于农业农村局管理，与科技局联系不紧密，单位间沟通缺失。各县（市、区）科技局对于基层农业科技推广缺乏基本的了解，对目前农业推广机构的人员构成、运行管理模糊不清。县（市、区）农科所、林科所及相关农业推广机构还停留在 20 世纪 90 年代的管理模式，基层队伍没有新鲜血液注入，在科技研发及应用推广上缺乏主动性，与市场需求联系不够紧密，主要依据国家项目导向确定创新方向和创新设计，缺乏积极、有针对性的农业科技创新和技术开发。

③农业生产者的技术素质和创新资源十分有限。随着新一代农业生产者不断成长和发展壮大，组建了一大批农业生产组织，庄园式生产、合作组织，在集结散户参与大规模生产的同时，也通过自发的技术服务、技术指导带动周边乡村农业生产者积极应用县级科学技术改善农业生产力，增加农业收入。但是，基于农业生产本身的复杂性，农用物资市场、农产品市场的广阔、多样，农业科技本身的学术要求等种种原因，农业生产者自身能够创新和推广的农业科学技术有限，同时，接受农业科技的农业生产者大多认知和学习基础薄弱，由农业生产能手和农业生产者起家的企业组织的技术服务力量不够雄厚，不足以弥补整个农业科技服务体系的漏洞。

（二）农业科技服务总体效率不高

农业科技成果转化与农业科研、农业教育并称为农业发展的"三大支柱"。其中，农业科技服务是农业科技成果转化的重要部分。在我国，政府每增加 1 元农业科技投入，可减少农牧户 9.35 元投入。"科技是第一生产力"，农业科技服务成为农业现代化建设的核心动力，是提高生产效率和农业生产者收入水平的关键要素。农业现代化必须坚持走两条道路：一是科技兴农道路；二是市场化道路。其中，科技需要传递并转化成生产成果。

宜春市农业科技成果转化过程存在矛盾现象，农业科技成果的数量不少，但真正运用于生产、产生实际经济效益的科技成果很少。世界发达国家的农业科技成果转化率在 65%~85%，农业科技进步贡献率为 56%~80%。相比之下，即使是上海、北京、广州这样经济发展动力强劲的大都市农业也没能达到这一水平，由此可见，农业科技成果转化率值得关注，农业科技服务效率有待提高。

（三）农业科技服务供给乏力

①农业科技服务的政策主导性强，需求导向不足。农业技术进步常常与农业政策关系密切，主要原因在于农业的弱质产业性质，农业生产者对技术是否采纳很大程度上取决于该项技术的使用是否可以获得收益。除了技术的市场收益以外，部分新技术是否采纳取决于是否获得政府的大力支持。更多的情形是技术市场收益远远小于政策支持。随着市场化进程不断推进，政府的政策导向使得更多的企业、民间组织和个体也参与农业科技服务，然而农业生产者的实际需求没能得到更多的关注和全面的供给。建立健全现有服务机制，结合各服务主体特长有效实现农业科技服务供给是当前面临的重要任务。

②农业科技服务主体之间缺乏协调。农业推广机构、高校、科研院所、供销合作社等服务主体不断发展壮大，从生产中的各个环节向农业生产者提供农业科技服务。然而，各个组织科技服务目的不同，提供科技服务的动机各有差异，所针对的服务项目和内容彼此不联系，不能够形成完整的、全方位的科技服务网络。

（四）对农业科技采纳的意愿并不强烈

农业科技服务是一个双向沟通要求较高的活动，需要供给方从创新到推广的服务面面俱到，科技采纳者的配合积极默契。目前，宜春市各县（市、区）农村的留守老人和儿童较多，实际生产能力弱，对新技术的接收意愿和把握能力非常低。而维持较小的产能就是对耕地的浪费和闲置，就整个农业产出来说形成了低效率。科技力量完全可以成为解决劳动力不足的利器，然而，针对农村劳动力老龄化问题，如何对老龄劳动力进行技术渗透、技术能力培养是科技兴农面临的一道难题。很多年长的农民对于新科技及新技术的学习及应用欲望不强烈，依然习惯依照传统模式耕作及种植加工。

6.5 加强农业科技社会化服务体系建设路径

农业科技服务是农业科技与生产者之间的主要载体和传递途径，为解决当前科技服务有效供给不足、供需对接不畅等问题，要助推乡村振兴战略的实施，根据《科技部 农业农村部 教育部 财政部 人力资源和社会保障部 银保监会 中华全国供销合作总社印发〈关于加强农业科技社会化服务体系建设的若干意见〉的通知》（国科发农〔2020〕192号）和《关于印发〈加强农业科技社会化服务体系建设的实施意见〉的通知》（赣科发农字〔2020〕167号），在宜春市系列科技惠农和科技惠企政策基础上，结合实际进一步加强农业科技社会化服务体系建设。

（一）创新管理机制，提升基层农业技术推广机构服务水平

加强基层农业技术推广机构专业人才队伍建设，实施农业科技人员素质提升计划，加大农业技术推广特聘服务计划实施力度。继续实施基层农业技术人员定向培养计划，推动青年人才进入基层农业技术推广队伍。鼓励基层农业技术推广机构为小农户和新型农业经营主体提供全程化、精准化和个性化科技服务。发挥基层农业技术推广机构对经营性农业技术服务活动的有效引导和必要管理作用。

开展基层农业技术推广机构与经营性服务组织融合发展试点，建立融合发展对接平台和路径，吸收新型农业经营主体参与农业技术推广。全面推行农业技术推广责任制度，完善以服务对象满意度为主要指标的考评体系，建立与考评结果挂钩的经费支持机制，进一步加强对农业技术推广机构履职情况和服务质量效果的考评。建立实际贡献与收入分配相匹配的内部激励机制，允许农业科技人员在履行好岗位职责的前提下，为家庭农场、农民专业合作社、农业企业等提供技术增值服务并合理取酬，充分发挥收入分配的激励导向作用。

（二）强化技术支撑，深入推行科技特派员制度

进一步完善科技特派员制度，努力打造科技特派员"升级版"，在全市遴选科技特派员以组建特色产业科技特派团，引导科技特派员与产业对接，实施以"高校及科研院所＋产业科技特派团＋基地（或农企）＋农户"为基础的专家大院模式，通过政府支持设置相对固定的专家大院，实现高校科技特派团成员与基地（或农企）的对接，并由此使科技服务惠及农户。鼓励高校和科研院所设置一定比例的推广教授和研究员岗位，并把农业科技服务成效作为专业技术职称评聘和工作考核的重要参考。加大对科技特派员创业的支持，加强科技经费及其他项目资金对科技特派员工作的投入，对科技特派员参与的项目给予优先支持，宜春市科技局每年给予科技特派员定额补助。加强对科技特派员工作的动态监测和绩效评估，建立完善的科技特派员服务考核机制，对年终考核优秀的科技特派员给予奖励。

（三）加强科技服务载体和平台建设，助推农业及农产品向更高层次发展

做好宜春市农业科技创新联盟建设工作，发挥联盟的示范作用，推广一批实用技术和科技成果，带动一批小微农业主体发展，激发基层创新创业活力。编制产业关键核心技术目录，支持高校和科研院所加强农产品种植、生产及加工等关键技术攻关，产出一批拥有自主知识产权的先进适用农业科技成果包，提高农业创新供给的针对性和有效性。支持江西富硒产业创新联盟、江西省高等学校硒农业工程技术研究中心等高校和科研院所与政府、企业共建新型研发机构和技术研发平台，探索建立具有宜春市产业特色的新

型农业社会化服务模式，推进农业生产的商品化、专业化和社会化。发挥国家农业科技园区的龙头引领作用，带动省级农业科技园区、农业科技示范基地、星创天地等各类农业产业创新基地发展，引导企业逐步实现农产品的深加工和精加工，拉长产业链条，提高农产品科技含量和科技水平。

以宜春市"5511"农业类工程项目为抓手，严把农业企业研发创新质量关。加大农业科技服务企业培育力度，开展农业科技服务企业建设试点示范。鼓励企业牵头组织各类产学研联合体研发和承接转化先进、适用、绿色技术，引导企业根据自身特点与农户建立紧密的利益联结机制，探索并推广"技术托管"的创新服务模式。

（四）加强科技服务县域统筹，形成特色农业产业集群

优化农业科技项目管理，面向农业科技服务需求，试行"揭榜挂帅"项目承担制，推进农业基础研究、应用基础研究、技术创新顶层设计和一体化部署，形成系列化、标准化、高质量的农业科技成果包，切实提高农业科技创新供给的针对性和有效性。支持县（市、区）党委和政府依托农业科技园和星创天地等示范基地统筹科技服务资源，引导相关专项资金支持产业技术创新，利用富硒土壤和温泉资源优势，以富硒大米、富硒油茶、富硒中药材、富硒水果、富硒蔬菜、富硒畜禽及其他富硒深加工农产品为重点，打造健康食品、有机食品、地道药材、生态康体养生等特色产业集群。结合宜春市中医药和富硒农产品等特色产业发展需求，探索建立具有区域特色和产业特色的新型社会化服务模式，推进农业生产的商品化、专业化和社会化。农户、合作社与企业建立稳定合作关系，拓展"合作社＋农户＋基地＋企业"的发展模式，解决农户"不敢种""难卖出"等问题。

（五）加大农业技术培训力度，扎实推进科技服务宣传工作

以宜春国家农业科技园和江西丰城国家农业科技、10家国家级星创天地及8个省级农业科技示范园为依托，在每个县（市、区）建设专门的培训场地，针对农业示范产业发展的科技需求和相关共性及突发性关键技术，制订技术培训计划和分年度的实施计划。增强农民合作社、家庭农场及社会组织的农业科技服务能力，将家庭农场主和农民合作社骨干纳入培训范畴，以培养农民生产

能手为切入点，通过定期的田间指导、现场讲授、室内集中培训、观摩交流等形式，以期有针对性地、及时快速地扩大项目示范带动成效。

此外，扎实开展科普宣传和文化科技卫生"三下乡"活动。通过举办科技活动周、全国科普日、"文化科技卫生三下乡"等科普活动，引导支持科技水平高的农业企业、农民合作社、家庭农场、农村专业技术协会及其他社会组织开展科技政策咨询和农业实用技术等科普宣传，大力普及各类科技知识，提升全民科学素质。

（六）加强基层科技队伍建设，着力发展社会化服务组织

鼓励引导人才向基层流动，健全人才向基层流动激励机制，鼓励各县（市、区）出台有针对性的人才引进政策。完善配套政策，加强工作指导，充分引入竞争机制，建立健全考核机制，着力发展市场化农业科技服务组织，促进农业科技服务完善、便民。指导、鼓励农民合作社申请无公害农产品、绿色食品、有机食品认证，申报使用地理标识。鼓励农村能人、专业大户、龙头企业等创办类似"科技服务超市"的各类合作组织，为农民提供代种代收、用水管理、农资配送等服务，鼓励发展农村综合性服务组织，促进农民专业合作社健康、规范发展。

（七）利用网络信息化系统，搭建农业科技社会化服务信息平台

通过物联网、云计算、大数据等现代信息技术，探索构建宜春市农业科技社会化服务信息平台，探索"互联网+"农业科技服务新手段，提高服务的精准化、智能化、网络化水平。开展农业科技大数据标准化建设，推动农业科技数据资源开放共享。搭建县域农业科技服务网上供需超市，有效对接农业科技服务的供给方和需求方，实现农业科技服务的精准对接，努力提升农业科技信息化服务水平，促进科技成果的快速转化。加强网络信息化技能培训，提升农户信息化应用能力和各类科技服务主体的服务水平。

（八）整合集聚科技创新资源，完善农业科技社会化服务体系建设

充分发挥财政资金作用，统筹用好现有资金渠道以支持农业科技社会化服务体系建设。完善农业科技创新引导支持政策，将存量和新增资金向引领现代农业发展方向的科技服务领域倾斜，鼓励引导社会资本支持农业科技社

会化服务。加大资金的整合力度，支持并协助科技型中小企业申请"科贷通"贷款及"科贷通"贴息，落实科技创新资金后补助政策。充分利用上级资金、地方财政补贴、金融机构贷款和企业资金，因地制宜将其投入到农业开发项目中去，发挥资金的聚合效应和最大效益。

（九）加强政策落实和组织实施，保障农业科技社会化服务工作落实

加强各级党委对农业科技社会化服务体系建设的领导，在政策制定、工作部署、资金投入等方面加大支持力度。建立农业科技社会化服务体系建设监测评价机制，定期组织开展督查评估，及时解决工作推进中遇到的新情况和新问题。加强农业科技服务先进事迹、典型案例和成功经验的宣传，对做出突出贡献的单位和个人按照规定给予表彰，积极营造支持农业科技服务的良好氛围。

第七章　宜春市富硒产业创新发展路径

近年来，在宜春市委市政府的大力推动下，富硒产业已经逐步成为宜春市"生态＋大健康"的主导性产业之一，步入发展快车道。然而，宜春市富硒产业起步较晚，缺乏良好的品牌管理，消费者无法准确辨识，市场上富硒商品标准也或高或低。富硒产业在我国已经不再是一个新兴产业，市场上出现了各种各样的富硒商品，同种富硒商品也有很多不同品牌，这就对众多富硒自然区的富硒产品质量提出了更高的挑战，同时也带来了更大的商业机遇。因此，本章从宜春市富硒产业发展的总体布局、富硒农产品质量稳定和提升工程、富硒产业数字化智慧体系建设工程、富硒品牌培育建设工程及"硒养旅游＋生态＋大健康"工程等方面进行探讨，以寻求宜春富硒产业创新发展路径。

7.1　富硒产业发展总体布局

宜春市以全域创建富硒绿色有机农产品示范市为抓手，瞄准"示范作标杆、全国勇争先"的目标要求，集中力量、集聚资源、集成政策，全力打造千亿级富硒绿色有机产业链。未来富硒产业创新发展路径为以下几个方面。

（1）抓好 3 个关键

第一个关键是推行"四统一分"生产经营模式。即统一品牌、统一标准、统一包装、统一营销、分户结算。统一品牌指借鉴武夷山水的品牌建设模式，确定能够代表宜春富硒产业特色的区域公共品牌名称和标识，逐步构建宜春富硒产品区域公共品牌体系，提升品牌的影响力和辨识度。统一标准指加快宜春大米和富硒竹笋的关于种植、加工、包装、仓储等标准的制定，加大"两证一码"制度实施力度，确保产品质量。统一包装指对大米、竹笋、禽蛋等主要富硒农产品逐步推行统一包装设计，规范商品包装的总体外观、品牌标识和产品名称。统一营销指探索设立专门营销公司以对全市富硒产品区域公共品牌进行统一营销。分户结算指采取"龙头企业＋合作社＋基地＋种养大户"经营模式，逐步构建分户结算的经营制度。

第二个关键是打造核心基地。一是建设富硒绿色有机农产品示范基地。推广借鉴高安市上湖辣椒基地、樟树市吴城富硒中药材基地建设的做法，规划建设一批特色优势明显、连片规模大、带动能力强的富硒绿色有机农产品示范基地。截至 2022 年，宜春市共认定市级富硒农业产业示范基地 262 个，建成富硒农产品基地 208.9 万亩。二是建设重点产业集群核心基地。支持富硒竹笋、宜春大米、富硒禽蛋产业龙头企业，规划建设一批品种优良、生产标准化、产业规模化的品牌核心标准化示范基地，2025 年，力争全市"宜春大米"优质水稻标准化种植基地达到 260 万亩，富硒竹笋标准基地面积达到 170 万亩，全市富硒蔬菜基地达到 25 万亩、标准生态富硒果园面积达到 25 万亩，新改扩建和技改万羽以上蛋禽标准化养殖场达到 300 个。三是加强基地管理。强化对基地及其产品的硒含量检测，进一步规范基地的认定和管理，做到"源头可溯、程序可溯"。坚持年度检查和随机抽检相结合，加强基地建后监管，确保基地建设制度化和规范化。

第三个关键是培育头部企业。一是做强产业龙头。坚持精准施策、分类指导，为企业解决好融资、用地、市场、技改等发展堵点问题，打造一批具有较强竞争力和较高知名度的产业龙头，引导奉新猕猴桃、袁州脐橙、高安辣椒、万载百合等品牌做大做强，推动形成一批品牌价值超 10 亿元的富硒果蔬品牌，富硒蔬菜产业综合产值突破 100 亿元。二是攻坚产业招商。以宜春市绿色食品（富硒）产业链招商小分队为主体，通过市县协作联动，瞄准全国农业产业化龙头百强等重点企业，截至 2022 年，宜春市新签约项目 25 个，签约金额 122.1 亿元，其中 10 亿元以上项目 2 个。三是做好龙头企业认定。做好全市富硒产业市级龙头企业的申报和认定工作，并对市级富硒龙头企业实行定期监测、动态管理。

（2）做强 3 个产业集群

力争用 3~5 年的时间打造 3 个百亿产业集群，着力构建起特色优势明显的富硒主导产业。

一是富硒竹笋产业集群。在昌铜四县及万载县、袁州区、明月山等重点地区，打造富硒竹笋产业发展示范区，加快构建富硒竹笋产业体系，培育壮大金桥农业、三爪仑绿色食品、小水滴农业、汇香源食品、双铜笋业、花洣林泉、千年食品等企业，加大竹笋品牌的整合力度，形成统一的对外宣传攻势，抓好富硒竹笋等区域公用品牌的创建工作，提升宜春富硒竹笋的影响力。

二是宜春大米产业集群。在袁州区、丰城市、高安市、樟树市、上高县等重点地区，打造宜春大米产业集群，做大做强中州米业、乡意浓、盛发粮油、华粮米业、圣牛米业等 13 家"宜春大米"产业骨干龙头企业，建立准入和退出机制，构建"宜春大米 +N 个企业品牌"的品牌体系，力争进入全国农产品区域公用品牌百强榜。

三是富硒禽蛋产业集群。在上高县、丰城市、袁州区、靖安县等重点地区，发展富硒禽蛋产业，培育壮大茶杉禽业、圣迪乐村生态食品、温汤佬食品、深正通农牧业、恒晖大农业等企业，实施富硒品牌战略，优化禽蛋集群一二三产业空间布局，推动由"散点分布"向"集群发展"转型，由"同质竞争"向大品牌下的"合作共赢"转变。

（3）推进三大专业产业园建设

一是在宜丰、铜鼓分别建设 1 个富硒竹笋产业园；二是在上高、丰城分别建设 1 个富硒禽蛋产业园；三是在袁州谋划建设富硒食品加工产业园。借鉴工业园区管理模式，支持重点县（市、区）组建专门机构，落实专职人员推进富硒特色产业园建设。推动袁州区现代农业产业园、中国生态硒谷（丰城市）、高安富硒辣椒产业园等现有园区的提质升级，力争创建国家级、省级富硒农业产业园。

（4）做实 3 个支撑

一是科技支撑。聚焦富硒产业"卡脖子"工程，实行"揭榜挂帅"制度，组织科研单位、高等院校结合产业发展需求，有针对性地开展富硒农产品技术路线和模式的攻关。从宜春学院、江西富硒产业研究院等科研院所选派优秀青年博士、硕士、高级工程师等高层次人才，开展"博士挂县联企"

活动，驻点帮助企业解决技术创新难题。二是平台支撑。支持宜春学院创建硒与大健康产业学院，着力打造集产、学、研、转、创、用于一体的富硒产业实体性人才培养创新平台。支持"江西省富硒食品质量检验检测中心"项目建设工作，完善富硒产品市场监管体系。三是项目支撑。加强与国际硒研究学会、苏州硒谷科技有限公司的沟通对接，在袁州或明月山建设一个集富硒农产品生产、销售、电商、文化、展示、体验等于一体的富硒小镇。

（5）促进 3 个融合

一是产销融合。加强富硒农产品预冷基础设施建设，加快推进铜鼓、万载冷链物流园项目建设，支持有条件的县（市、区）与省供销集团开展合作，对接省冷链物流骨干网建设。积极开发电商线上营销等多种渠道，全面推动宜春富硒绿色有机农产品"走出去"。二是数字融合。继续针对富硒分布带、规模富硒种养基地等重点区域开展大比例尺（1∶5 万、1∶1 万）土地质量地球化学调查，逐步建立全市富硒产业数据库，支持富硒产业经营主体进行数字化改造，探索智慧农场和数字农业创新应用基地创建，打造一批数字农业标杆。三是硒养融合。深入推进"硒 +X"模式，积极培育富硒特色美食、富硒康养产品、富硒旅游线路等新业态，适时举办宣传推介活动，大力唱响"好硒在宜春、硒养到宜春"。

7.2 富硒农产品质量的稳定和提升工程

宜春富硒土壤呈不连续、斑点状分布，部分富硒产品硒含量也不稳定，使得富硒农产品标准化生产、市场化推广成本激增。因此，富硒产品的生产、产品准入及市场监管都需要遵循严格的标准。首先，按照农产品和预包装食品两大类明确富硒产品的定位及所执行的标准：富硒农产品（如蔬菜、水果、生鲜及部分初加工农产品）按照江西省地方标准《富硒食品硒含量分类标准》（DB 36/T 566—2017）或相关富硒农产品的行业标准界定其富硒含量要求；富硒预包装食品（如大米等进行了定量包装且纳入食品生产许可管理范畴的精深加工富硒产品）按照《食品安全国家标准　预包装食品营养标签通则》（GB 28050—2011）中富硒营养声称的要求界定其富硒含量要求（固体富硒食品硒含量 ≥ 0.15 mg/kg；液体富硒食品硒含量 ≥ 0.075 mg/L）。

其次，对于富硒农产品，根据其所执行富硒标准的富硒含量要求和其自然生长条件下的富硒状况，一般采用 3 种方式保障大批次富硒农产品硒含量标准的稳定性：①优选亲硒品种，在富硒土壤中直接种植（如十字花科蔬菜）；②在种植过程中采用土壤根际硒营养强化措施（结合翻耕、根际施肥等农艺，根据不同品种对硒的富集特性等施用含硒的肥料，提升富硒标准化程度）；③在种植过程中采用叶面硒营养强化措施（结合飞防、植保等农艺，根据不同品种对硒的富集特性施用含硒的叶面肥料，提升富硒标准化程度）。

再次，对于富硒深加工食品，根据 GB 28050《预包装食品营养标签通则》中关于固体富硒食品和液体富硒食品硒含量要求，也采用 3 种方式保障大批次富硒深加工产品硒含量标准的稳定性：①选用稳定富硒的大宗农产品原料，如在富硒大米或米粉加工过程中，选用硒含量稳定在 0.15 mg/kg 以上的富硒稻谷进行加工；②使用硒食品营养强化剂，对于允许使用硒食品营养强化剂的产品（大米、小麦、杂粮及其制品、面包、饼干、含乳饮料），可以在相关标准规定的范围内使用；③使用高硒食品原料，对于不允许使用硒食品营养强化剂的产品，即除②以外的富硒深加工食品，可以使用部分对硒富集能力较强的食品原料，如高硒蔬菜粉、高硒谷物粉等，将其作为富硒深加工食品的配料。

7.3　富硒产业数字化智慧体系建设工程

国务院印发的《数字农业农村发展规划（2019—2025 年）》（下文简称《规划》）、《"十四五"推进农业农村现代化规划》，以及农业农村部印发的《"十四五"全国种植业发展规划》等，提出推动农业农村现代化发展、探索中国特色的数字农业农村发展的模式。《规划》中，"数字农业试点建设项目"明确提及全面推进数字技术的综合应用和集成示范，选择在数字化水平领先的粮食生产功能区所在县（市、区），建设一批数字农业试点项目。同时，重点建设由国家中心和省级分中心组成的农业农村航空监测网络，提升区域高精度观测和快速应急响应能力。据统计，2018年全国农业数字经济占农业增加值的比重达到7.3%，我国数字农业在未来一段时期将迎来重要发展机遇。

为将富硒产业与大数据技术充分结合，解决富硒产品的品控问题，助力销售问题，宜春市已经开发了富硒产业的数字化呈现平台，将富硒种植企业、富硒养殖企业、富硒加工企业等龙头企业，典型富硒示范基地在地图上进行了数字化呈现，并接入了富硒产品线上交易的端口。同时，在该系统中预留富硒资源、富硒基地的实时数据端口，为未来富硒产业智慧化数据平台的优化提供拓展空间。为了实现全市富硒产业布局一盘棋，将富硒产业的动态成果充分在系统中展现，各个县（市、区）的富硒产业也需要推进数字化智慧体系建设，与宜春市的系统形成无缝对接，全面展示和实时反馈富硒产业的发展成果。

宜春富硒数字农业可利用以下技术及平台。①物联网技术。基于物联网技术，通过大量广泛布设的无人自动农业数据收集系统完成对于富硒农业基础信息数据的收集。②区块链技术。将富硒农产品从生产、加工、物流、销售各个环节产生的数据上链，记录到区块链分布式网络中，对于富硒农产品溯源信息进行保护，确保其不可被更改、不可被否认。③人工智能。通过人工智能技术完成对于富硒作物病虫害和生长状态的识别，并对所收集的数据进行训练，使之完成更为准确的预测。④大数据与云计算。通过物联网技术、移动计算技术收集富硒农业海量数据，并将其可靠、安全地进行分类存储，实现跨行业、跨专业、跨领域的数据分析和挖掘。⑤三维GIS平台。构建基于地形地貌的农业三维地理信息系统，完成整个富硒地区在数字世界的虚拟呈现。⑥农业电子商务。包含富硒农业产品销售和富硒农业科技服务推广电子商务平台，充分利用互联网的易用性、广域性和互通性，实现了快速可靠的富硒功能农产品商务信息交流和业务交易。

依托智慧城市和大健康大数据平台建设，植入富硒元素，将全市富硒一二三产业融合展示。同时，在宜春市富硒产业数字化智慧体系中构建FAST-Tracing 物联网系统，对重点富硒产业基地相关参数实时监控，对土壤 EC 值、土壤温湿度、光照强度等指标利用低功耗四合一传感器进行检测管理，形成土壤环境因素动态变化曲线；对部分生产设备实现实时智能控制，通过实时视频技术对富硒产业从业者日常农事操作进行监督指导。建立富硒农业生产、加工和富硒农产品管理数据库，实施智能节水灌溉、测土配方施肥、富硒技术强化等精准化作业，实现全市富硒农产品生产基地及品牌管理信息化，推进富硒种植养殖基地信息化、设施化、智能化。基于 FAST-Tracing 物联网系统，开发 FAST-Tracing 质量溯源系统，完善富硒产品"二维码"管理制度，实现生产加工全过程质量监管，保障富硒农产品质量安全，确保富硒农产品的功能性和健康性，提升富硒产品品质，体现"名贵硒有"，实现农业增效、农民增收、人民增寿。

7.4 富硒品牌培育建设工程

（1）搭建品牌运营组织

积极组织富硒相关经营主体，依托宜春市富硒产业协会组建硒产业运营中心，作为宜春市富硒产品打造和运营的服务主体，积极对接国家功能农业科技创新联盟，为富硒经营主体提供标准化基地建设、富硒产品开发生产、富硒品牌策划营销、富硒资源三产融合发展等全程指导与服务，做好富硒公共品牌和企业品牌策划。

（2）区域富硒品牌创建

通过"政府搭台，企业唱戏"，力推"政府做好区域品牌申报，企业按规定要求生产"的模式，培育硒品牌。充分利用"中国康养之都"品牌影响力和天然富硒温泉、富硒土壤，打造宜春硒与大健康系列品牌，示范带动富硒大米、富硒蔬菜、富硒水果等名优品牌建设，支持、鼓励企业打造富硒品牌。全市采用统一优良品种、统一种植技术、统一生产规程、统一社会化服务、统一订单收购等方式，确保产品质量，夯实品牌基础。在市域内汽车站、城区主干道、社区楼宇、主要超市等公共场所，以及广播电视台等传媒平台开展高密度宣传推广，让富硒产品、富硒保健品成为馈赠佳品。

（3）富硒品牌网络营销平台建设

大力发展电子商务，建设农村富硒电商服务站，加快特色富硒农产品网上销售。大力探索尝试"直播带货"新营销方式，宣传、销售富硒产品。试点建设富硒电商村，鼓励富硒经营主体、个体等参与网络直播带货，让手机成为新农具，直播成为新农活。

加大线下体验＋线上销售的产品营销平台建设力度，通过与国内大型知名商超建立战略合作平台，优先在南昌、长沙、武汉三大省会城市开辟富硒农产品专柜、专区，增强线下体验；同时，大力实施线上销售平台建设，将富硒产品营销作为农产品网上营销主要方向之一，加强与"京东""天猫"等电商平台的合作，推动富硒产品在线上的品牌传播力度和提高产品销售量。

7.5 "硒养旅游＋生态＋大健康"工程

以明月山风景区为核心，依托宜春优良生态、富硒温泉、富硒食品天然优势，大力发展硒养旅游服务业，打造现代版"硒游记"旅游品牌。大力开发温泉疗养产品和富硒高品质健康保健食品，重点发展康体保健、养生养老、休闲修心等康体旅游业，大力开发山地避暑、乡村民宿、天然氧吧、竹林疗养等休闲度假旅游产品。打造"富硒养生服务圈＋富硒生态观光圈＋富硒城乡协调圈"多圈层融合的发展模式。

（一）空间布局

"一心两带多基地"。一心：袁州区（明月山、万载）硒养中心。两带：富硒景观农业风情带、富硒生态农业休闲带。以昌铜高速、沪昆高速、320国道为轴，依托宜春自然风光、人文底蕴，带动周边硒产业基地发展。多基地：在各县（市、区）因地制宜建设旅游景区依托型、特色小镇引领型、美丽乡村发展型、富硒产业带动型的富硒休闲旅游基地。

（二）建设内容

（1）硒泉养生综合体

依托明月山温泉，打造集富硒中医药保健养生、富硒美食养生、硒泉SPA养生、运动养生、文化养生、生态养生于一体的健康养生旅游综合体，在全国形成一定的品牌影响力。

（2）休闲山庄建设

建设休闲山庄服务体系。规划建设高端庄园，其农业风光优美，服务设施完善，接待高端人群，可提供住宿和餐饮。建设中档山庄，地处村庄附近，服务设施较为完善，主要服务于中端人群。建设农庄，以农户经营为主，让客人真正享受宜春农家菜、农村风光、农民服务。

（3）观光体验中心

各县（市、区）积极建设"中国硒养之都"观光体验中心，作为宜春富硒产业宣传的窗口，实现从"观光式旅游"到"体验式旅游"的升级。

（4）富硒休闲旅游基地

各县（市、区）因地制宜建设旅游景区依托型、特色小镇引领型、美丽乡村发展型、富硒产业带动型富硒休闲旅游基地（表7-1）。

表7-1 各县（市、区）旅游主体类型及富硒休闲旅游基地重点建设项目

类型	地点	重点建设项目
旅游景区依托型富硒休闲旅游基地	袁州区	明月山休闲旅游度假区 富硒油茶产业园
	樟树市	中国古海养生旅游度假区 阁皂山旅游度假区
	宜丰县	九天国家生态旅游园
	袁州区、丰城市、宜丰县	富硒大米产业园

类型	地点	重点建设基地
特色小镇引领型富硒休闲旅游基地	袁州区	白马农庄
	万载县	恒晖农业科技园
	铜鼓县	三都生态农业小镇
	上高县	神山湖观光农业生态园
	靖安县	中部梦幻城
	奉新县	儿仙温泉疗养小镇
	樟树市	临江古镇 富硒中药材产业园
美丽乡村发展型富硒休闲旅游基地	袁州区	和顺农庄
	樟树市	彭家古村
	靖安县	蓝孔雀生态庄园
	铜鼓县	卢家山庄
富硒产业带动型富硒休闲旅游基地	袁州区	东浦生态农庄
		宜春市休闲农业产业园
	高安市	巴夫洛现代农业综合体
	丰城市	"三谷"现代农业休闲园
	奉新县	奉新猕猴桃产业园

（5）富硒特色旅游路线

根据旅游项目类型和地域特点，重点打造5条"硒游记"专线（表7-2）。

表7-2　富硒特色旅游产品类型

类型	特点	重点旅游产品
明月山富硒养生休闲游	以明月山旅游资源为依托，以富硒为主题，构建明月山、万载、宜丰、高安、丰城、樟树、上高、明月山休闲旅游环线	温汤富硒温泉、万载恒晖农业科技园、宜丰富硒猕猴桃主题游、巴夫洛现代农业综合体、"三谷"现代农业休闲园、紫云山鱼文化度假村、临江古镇、温泉农业休闲观光园、自驾游等
富硒疗养康复游	以亚健康人群为目标群体，中医药结合硒泉疗养、富硒食疗，构建以袁州、明月山、万载为核心的旅游带	硒泉SPA、富硒养生馆、富硒休闲养生山庄、富硒食宴、山地运动、农场体验等
富硒生态养生游	以富硒为核心，依托生态和禅宗旅游资源，构建铜鼓、宜丰、奉新、靖安富硒生态旅游带	卢家山庄、九天国家生态旅游园、官山自然保护区、百丈山农禅度假小镇、中部梦幻城等
富硒文化风情游	依托九龄山脉和320国道沿线，重点打造铜鼓、奉新、宜丰、上高、袁州富硒文化风情旅游带	三都生态农业小镇、奉新富硒猕猴桃主题游、富硒博物馆、富硒产品展览中心等
富硒乡村文化体验游	重点围绕鄱阳湖经济生态圈，以丰城、樟树、高安、靖安为体验带，打造集历史文化、观光休闲、乡村体验于一体的富硒乡村文化体验游	丰城富硒文化体验游、樟树富硒中药材主题游、高安上游湖－华林寨、古街文化等

附 录 相关硒标准

附录 1 食品安全国家标准 食品营养强化剂 硒蛋白（GB 1903.28—2018）

1 范围

本标准适用于以硒含量较高的大豆等可食性植物为原料，经去脂、水提、乙醇沉淀、干燥的工艺精制而成富含硒代蛋氨酸的食品营养强化剂硒蛋白。

2 定义

本标准所指的硒蛋白是硒以硒代蛋氨酸的形式存在的蛋白质。

3 技术要求

3.1 感官要求

感官要求应符合附表 1-1 的规定。

附表 1-1 感官要求

项目	要求	检验方法
色泽	浅黄色或黄绿色	取适量试样置于洁净、干燥的白瓷盘中，在自然光线下观察其色泽和状态，嗅其气味
状态	粉末，无正常视力可见杂质	
气味	具有硒化合物特有的类大蒜气味	

3.2 理化指标

理化指标应符合附表 1-2 的规定。

附表 1-2　理化指标

项目		指标	检验方法
硒代蛋氨酸（以 Se 计）含量 /（mg/kg）		1000~2500	附录 A
有机硒占总硒质量百分比，w/%	≥	80	GB 5009.93 测定总硒含量；附录 A 中方法测定硒代蛋氨酸（以 Se 计）。有机硒占总硒质量百分比为硒代蛋氨酸（以 Se 计）含量 / 总硒含量的百分比
蛋白质，w/%	≥	40	GB 5009.5 凯氏定氮法°
水分 /%	≤	5	GB 5009.3 直接干燥法
灰分 /%	≤	10	GB 5009.4
砷（As）/（mg/kg）	≤	0.5	GB 5009.76
铅（Pb）/（mg/kg）	≤	1	GB 5009.75
总汞（以 Hg 计）/（mg/kg）	≤	0.1	GB 5009.17 原子荧光光谱分析法
镉（Cd）/（mg/kg）	≤	1	GB 5009.15 石墨炉原子吸收光谱法
° 蛋白质系数：6.25			

3.3　微生物限量

微生物限量应符合附表 1-3 的规定。

附表 1-3　微生物限量

项目	指标	检测方法
菌落总数 /（CFU/g）≤	3000	GB 4789.2
大肠菌群 /（MPN/g）≤	3.0	GB 4789.3 MPN 计数法
霉菌和酵母菌 /（CFU/g）≤	100	GB 4789.15
沙门氏菌 /25 g	不得检出	GB 4789.4
金黄色葡萄球菌 /25 g	不得检出	GB 4789.10 定性检验

（附录 A 省略）

附录 2　富硒食品硒含量分类标准（DB 36/T 566—2017）

1　范围

本标准规定了富硒食品的术语与定义、稻米及制品等 11 类富硒食品的硒含量要求。

本标准适用于稻米及制品等 11 类富硒食品。

本标准不适用于在加工过程中添加硒的强化食品。

2　规范性引用文件

下列文件对于本文件的应用是必不可少的。凡是注日期的引用文件，仅所注日期的版本适用于本文件。凡是不注日期的引用文件，其最新版本（包括所有的修改单）适用于本文件。

GB 5009.93　食品安全国家标准 食品中硒的测定

GB 8538　食品安全国家标准 饮用天然矿泉水检验方法

NY 861　粮食（含谷类、豆类、薯类）及制品中铅、铬、镉、汞、硒、砷、铜、锌等八种元素限量

3　术语与定义

下列术语和定义适用于本文件。

3.1　富硒食品

动（植）物自然含有的且硒含量达到本标准规定要求的食品原料及其制品。

4　硒含量要求

应符合附表 2-1 的要求。

附表 2-1　江西省富硒食品分类标准

序号	食品	硒含量 /（mg/kg）	检验方法
1	稻米及制品	0.07~0.30	NY 861
2	豆类及制品	0.07~0.30	
3	花生及制品	0.07~0.30	
4	笋类及制品	0.04~1.00	GB 5009.93
5	蔬菜（包括薯类）及制品	0.01~0.10	
6	水果	0.01~0.05	
7	畜禽肉	0.20~0.50	
8	水产制品	0.05~1.00	
9	蛋类及制品	0.20~0.50	
10	茶叶	0.50~3.00	
11	矿泉水	0.01~0.05	GB 8538

附录3　富硒产业国家标准

富硒产业国家标准如附表 3-1 所示。

附表 3-1　富硒产业国家标准

序号	标准编号	标准名称
1	GB/T 22499—2008	富硒稻谷
2	GB 28050—2011	食品安全国家标准　预包装食品营养标签通则
3	GB 14880—2012	食品安全国家标准　食品营养强化剂使用标准
4	GB 1903.9—2015	食品安全国家标准　食品营养强化剂　亚硒酸钠
5	GB 1903.12—2015	食品安全国家标准　食品营养强化剂　L-硒-甲基硒代半胱氨酸
6	GB 1903.21—2016	食品安全国家标准　食品营养强化剂　富硒酵母

序号	标准编号	标准名称
7	GB 1903.22—2016	食品安全国家标准　食品营养强化剂　富硒食用菌粉
8	GB 1903.23—2016	食品安全国家标准　食品营养强化剂　硒化卡拉胶
9	GB 1903.28—2018	食品安全国家标准　食品营养强化剂　硒蛋白
10	GB 8537—2018	食品安全国家标准　饮用天然矿泉水
11	WS/T 556—2017	老年人膳食指导
12	WS/T 578.3—2017	中国居民膳食营养素参考摄入量　第3部分：微量元素

附录4　富硒产业行业标准

富硒产业行业标准如附表4-1所示。

附表4-1　富硒产业行业标准

序号	标准编号	标准名称
1	NY/T 600—2002	富硒茶
2	NY 861—2004	粮食（含谷物、豆类、薯类）及制品中铅、镉、铬、汞、硒、砷、铜、锌等八种元素限量
3	NY/T 3115—2017	富硒大蒜
4	NY/T 3116—2017	富硒马铃薯
5	GH/T 1090—2014	富硒茶
6	GH/T 1135—2017	富硒农产品
7	GH/T 1310—2020	富硒马铃薯

附录5　富硒产业地方标准

富硒产业地方标准如附表 5-1 所示。

附表 5-1　富硒产业地方标准

序号	标准编号	标准名称	备注
河北			
1	DB 13/T 2230—2015	富硒小麦生产技术规程	注：本标准适用于河北省中南部富硒小麦的生产
2	DB 13/T 2702—2018	富硒农产品硒含量要求	
3	DB 13/T 5318—2020	天然富硒土地判定要求	
黑龙江			
1	DB 23/T 461—1997	富硒小麦	
江苏			
1	DB 32/T 706—2004	富硒稻米	
2	DB 32/T 1810—2011	无公害富硒水稻生产技术规程	
安徽			
1	DB 34/T 1752—2012	地理标志产品　石台富硒茶	
江西			
1	DB 36/T 566—2017	富硒食品硒含量分类标准	
2	DB 36/T 977—2017	地理标志产品 丰城富硒大米	
3	DB 36/T 1112—2019	富硒水稻生产技术规程	
4	DB 36/T 1320—2020	猕猴桃富硒栽培技术规程	注：本文件适用于硒含量背景值大于（含等于）0.2 mg/kg 的土壤猕猴桃富硒栽培
5	DB 36/T 1321—2020	茶叶富硒栽培技术规程	注：本文件适用于硒含量背景值大于（含等于）0.2 mg/kg 的土壤茶叶富硒栽培
6	DB 36/T 1323—2020	芦笋富硒栽培技术规程	注：本文件适用于硒含量背景值大于（含等于）0.2 mg/kg 的土壤芦笋富硒栽培
河南			
1	DB 41/T 1871—2019	富硒土壤硒含量要求	

续表

序号	标准编号	标准名称	备注
湖北			
1	DB S42/ 002—2021	食品安全地方标准　富有机硒食品硒含量要求	注：本文件适用于种植（养殖）、生长在含硒土壤或通过生物转化等措施生产的富含有机硒的食品
2	DB 42/T 143—2002	富硒茶	
3	DB 42/211—2002	湖北省地方标准　富硒食品标准	
湖南			
1	DB 43/T 816—2013	富硒水稻生产技术规程	
2	DB 43/T 817—2013	富硒小麦生产技术规程	
3	DB 43/T 818—2013	富硒油菜生产技术规程	
4	DB 43/T 819—2013	富硒红薯生产技术规程	
5	DB 43/T 820—2013	富硒玉米生产技术规程	
6	DB 43/T 821—2013	富硒油茶生产技术规程	
7	DB 43/T 822—2013	富硒葡萄生产技术规程	
8	DB 43/T 823—2013	富硒西瓜生产技术规程	
9	DB 43/T 824—2013	富硒草莓生产技术规程	
10	DB 43/T 825—2013	富硒桃子生产技术规程	
11	DB 43/T 826—2013	富硒辣椒生产技术规程	注：适用于湖南低硒地区和贫硒地区富硒产品的生产
12	DB 43/T 827—2013	富硒平菇生产技术规程	
13	DB 43/T 828—2013	富硒山药生产技术规程	
14	DB 43/T 830—2013	富硒萝卜生产技术规程	
15	DB 43/T 831—2013	富硒番茄生产技术规程	
16	DB 43/T 832—2013	富硒茶叶生产技术规程	
17	DB 43/T 929—2014	富硒南瓜生产技术规程	
18	DB 43/T 930—2014	富硒黄瓜生产技术规程	
19	DB 43/T 931—2014	富硒苦瓜生产技术规程	
20	DB 43/T 932—2014	富硒大豆生产技术规程	
21	DB 43/T 933—2014	富硒豇豆生产技术规程	
22	DB 43/T 934—2014	富硒菜豆生产技术规程	

序号	标准编号	标准名称	备注
23	DB 43/T 935—2014	富硒胡萝卜生产技术规程	
24	DB 43/T 936—2014	富硒大白菜生产技术规程	
25	DB 43/T 937—2014	富硒花椰菜生产技术规程	
26	DB 43/T 938—2014	富硒结球甘蓝生产技术规程	
27	DB 43/T 939—2014	富硒莲藕生产技术规程	
28	DB 43/T 940—2014	富硒水芋生产技术规程	
29	DB 43/T 941—2014	富硒荸荠生产技术规程	
30	DB 43/T 942—2014	富硒茄子生产技术规程	
31	DB 43/T 943—2014	富硒莴苣生产技术规程	
32	DB 43/T 944—2014	富硒芹菜生产技术规程	
33	DB 43/T 1086—2015	富硒西葫芦生产技术规程	
34	DB 43/T 1087—2015	富硒瓠瓜生产技术规程	
35	DB 43/T 1088—2015	富硒丝瓜生产技术规程	
36	DB 43/T 1089—2015	富硒冬瓜生产技术规程	
37	DB 43/T 1090—2015	富硒扁豆生产技术规程	注：适用于湖南低硒地区和贫硒地区富硒产品的生产
38	DB 43/T 1091—2015	富硒豌豆生产技术规程	
39	DB 43/T 1092—2015	富硒蚕豆生产技术规程	
40	DB 43/T 1093—2015	富硒小白菜生产技术规程	
41	DB 43/T 1094—2015	富硒蕹菜生产技术规程	
42	DB 43/T 1095—2015	富硒苋菜生产技术规程	
43	DB 43/T 1096—2015	富硒冬寒菜生产技术规程	
44	DB 43/T 1097—2015	富硒花生生产技术规程	
45	DB 43/T 1098—2015	富硒朝鲜蓟生产技术规程	
46	DB 43/T 1099—2015	富硒茭白生产技术规程	
47	DB 43/T 1100—2015	富硒芡实生产技术规程	
48	DB 43/T 1106—2015	富硒柚子生产技术规程	
49	DB 43/T 1107—2015	富硒枇杷生产技术规程	
50	DB 43/T 1108—2015	富硒李子生产技术规程	
51	DB 43/T 1109—2015	富硒梨子生产技术规程	
52	DB 43/T 1110—2015	富硒枣子生产技术规程	

序号	标准编号	标准名称	备注
53	DB 43/T 1115—2015	富硒黑木耳生产技术规程	注：适用于湖南低硒地区和贫硒地区富硒产品的生产
54	DB 43/T 1134—2015	富硒菜薹生产技术规程	
55	DB 43/T 1111—2015	富硒蘑菇生产技术规程	
56	DB 43/T 1112—2015	富硒草菇生产技术规程	
57	DB 43/T 1113—2015	富硒香菇生产技术规程	
58	DB 43/T 1114—2015	富硒银耳生产技术规程	
59	DB 43/T 1275—2017	富硒苹果柚栽培技术规程	
广西			
1	DB 45/T 1061—2014	富硒农产品硒含量分类要求	
2	DB 45/T 1389—2016	富硒茶栽培技术规程	
3	DB 45/T 1061—2014	富硒农产品硒含量分类要求	
4	DB 45/T 1389—2016	富硒茶栽培技术规程	
5	DB 45/T 1442—2016	土壤中全硒含量的分级要求	
6	DB 45/T 1811—2018	富硒百香果生产技术规程	
海南			
1	DB 46/T 240—2013	定安富硒稻种植技术规范	
重庆			
	DB 50/T 705—2016	富硒农产品	
四川			
1	DB 51/T 1656—2013	富硒稻谷生产技术规程	注：四川屏山县
2	DB 5115/T 17—2020	富硒农产品硒含量要求	
贵州			
1	DB 52/T 489—2015	地理标志产品 凤冈锌硒茶	注：本标准适用于丹寨县境内陆理标志产品丹寨硒锌米的生产加工
2	DB 52/T 553—2014	地理标志产品 丹寨硒锌米	
3	DB 52/T 1219—2017	地理标志产品 道真绿茶（道真硒锶茶）	
4	DB 52/T 1339—2018	地理标志产品 开阳富硒茶	
5	DB 52/T 1340—2018	地理标志产品 开阳富硒枇杷	
陕西			
1	DB 61/T 307.1—2013	紫阳富硒茶	

续表

序号	标准编号	标准名称	备注
2	DB 61/T 307.2—2013	紫阳富硒茶产地环境条件	注：本标准适用于经品质改良后的甘蓝型、白菜型、芥菜型商品油菜籽的收购、加工及市场销售
3	DB 61/T 307.7—2013	紫阳富硒茶加工技术规程	
4	DB 61/T 508.1—2011	富硒双低油菜产地环境	
5	DB 61/T 508.2—2011	富硒双低油菜栽培技术规程	
6	DB 61/T 508.5—2011	富硒双低油菜籽	
7	DB 61/T 508.6—2011	富硒双低菜籽油	注：本标准适用于天然的富硒食品、含硒食品与相关产品
8	DB 61/T 556—2018	富硒含硒食品与相关产品硒含量标准	
9	DB 61/T 557.1—2012	富硒牧草生产技术规程	注：本标准适用于以纯天然富硒牧草饲料作物、农作物秸秆生产的纯天然富硒青贮饲料
10	DB 61/T 557.2—2012	富硒青贮饲料生产技术规程	
甘肃			
1	DB 62/T 1939—2010	兰州市农产品 富硒白兰瓜	
2	DB 62/T 1940—2010	兰州市农产品 富硒高原夏菜	
3	DB 62/T 1941—2010	兰州市农产品 富硒葡萄	
4	DB 62/T 1942—2010	兰州市农产品 富硒苦水玫瑰	
5	DB 62/T 4148—2020	富硒农用地	
青海			
	DB 63/T 1147—2012	东部农业区农畜产品硒含量分类标准	注：本标准适用于青海省东部农业区种植、养殖的农畜产品
宁夏			
1	DB S64/ 007—2021	食品安全地方标准 富硒食品硒含量要求	
2	DB 64/T 1220—2016	宁夏富硒土壤标准	
3	DB 64/T 1221—2016	宁夏富硒农产品标准（水稻、玉米、小麦与枸杞干果）	

附录6 富硒产业团体标准

富硒产业团体标准如附表6-1所示。

附表6-1 富硒产业团体标准

序号	标准编号	标准名称	团体名称	备注
山东				
1	T/LYFIA 004—2018	富硒花生	临沂市食品工业协会	
2	T/SDAS 84—2019	富硒食用农产品及其制品硒含量	山东标准化协会	
3	T/SDNJX 1—2019	富硒食用农产品及其制品硒含量	山东农村专业技术协会	
4	T/FXXH 001—2020	富硒农产品产地环境质量	淄博市富硒农产品协会	注：适用于淄川区
8	T/FXXH 002—2020	露地富硒番茄生产技术规程		
6	T/FXXH 003—2020	富硒番茄		
7	T/FXXH 004—2020	露地富硒黄瓜生产技术规程		
8	T/FXXH 005—2020	富硒黄瓜		
9	T/FXXH 006—2020	富硒韭菜生产技术规程		
10	T/FXXH 007—2020	富硒韭菜		
11	T/FXXH 008—2020	露地富硒茄子生产技术规程		
12	T/FXXH 009—2020	富硒茄子		
13	T/FXXH 010—2020	富硒小麦生产技术规程		
14	T/FXXH 011—2020	富硒小麦		
15	T/FXXH 012—2020	富硒玉米生产技术规程		
16	T/FXXH 014—2020	富硒杂粮		
17	T/FXXH 016—2020	富硒石榴		
山西				
1	T/SXAGS 0013—2020	山西好粮油富硒小麦粉	山西省粮食行业协会	
2	T/SXAGS 0020—2020	山西好粮油富硒小麦	山西省粮食行业协会	

序号	标准编号	标准名称	团体名称	备注
河南				
1	T/HNSEAA 001—2021	富硒农产品	河南省富硒农产品协会	
2	T/HNSEAA 002—2021	富硒农产品生产技术规程小麦	河南省富硒农产品协会	
3	T/SYMBJY 000.011—2020	富硒面包	河南省食品科学技术学会	
湖北				
1	T/HBLS 0002—2018	荆楚大地硒大米	湖北省粮食行业协会	
2	T/ESSE 001—2018	恩施硒茶	恩施土家族苗族自治州茶产业协会	
3	T/ESXTD 001—2019	恩施硒土豆	恩施土家族苗族自治州马铃薯产业协会	
4	T/HBSE 0001—2019	硒元素科普规范用语指南	湖北省硒产业协会	
5	T/HBSE 0002—2019	植物源高有机硒饮料		
6	T/HBSE 0003—2019	富硒香菇生产技术规程		
7	T/HBSE 0004—2019	富硒稻谷生产技术规程		
8	T/HBSE 0008—2021	植物硒肽粉		
9	T/HBSE 0009—2021	高有机硒代餐食品		
10	T/HBSE 0010—2021	富有机硒西兰花生产技术规程		
11	T/HBSE 0011—2021	富有机硒甘蓝生产技术规程		
12	T/HBSE 0012—2021	富硒叶用银杏种植技术规程		
13	T/HBSELHH 0002—2020	富硒产品追溯要求	湖北省硒资源开发利用促进会	
湖南				
1	T/HNFX 001—2017（v01）	富硒农产品硒含量要求	湖南省富硒生物产业协会	

序号	标准编号	标准名称	团体名称	备注
2	T/HNAGS 003—2018	湖南好粮油富硒大米	湖南省粮食行业协会	
3	T/CDNX 035—2020	勇福富硒香米	常德市农学会	
4	T/CDNX 036—2020	勇福富硒香米栽培技术规程		
5	T/CDNX 037—2020	勇福富硒香米加工技术规程		
6	T/CDNX 038—2020	勇福富硒香米质量追溯要求		
北京				
1	T/OAIA 0001—2018	富硒农产品	北京有机农业产业联盟	
2	T/GVEAIA 008.1—2018	生态种植标准番茄	中关村绿谷生态农业产业联盟	第1部分:航空富硒设施番茄生产技术规程
黑龙江				
1	T/HLHX 003—2017	黑龙江好粮油富硒米	黑龙江省粮食行业协会	
2	T/HLHX 018—2020	黑龙江好粮油富硒小米		
3	T/FZDMXH 001—2020	方正富硒大米	方正大米协会	
浙江				
1	T/ZJGZ 001—2019	富硒红糖	浙江省甘蔗产业协会	
新疆				
1	T/XJBZFX—001—2020	富硒含硒食品硒含量分类标准	巴州富硒产业协会	
2	T/SHZSAQS 00003—2021	新疆富硒葡萄栽培管理技术规程	石河子市质量标准化协会	
广东				
1	T/GDBX 019—2019	广东天然富硒稻谷	广东省标准化协会	
贵州				
1	T/KYFX 1—2019	开阳生态富硒含硒食品(食用农产品)硒含量要求	开阳县富硒产品协会	

续表

序号	标准编号	标准名称	团体名称	备注
2	T/KYFX 3—2019	开阳生态富硒红茶（硒红茶）	开阳县富硒产品协会	
3	T/KYFX 4—2019	开阳生态富硒白茶（硒白茶）		
4	T/KYFX 6—2019	开阳生态富硒红茶（硒红茶）加工技术规程		
5	T/KYFX 7—2019	开阳生态富硒白茶（硒白茶）加工技术规程		
广西				
1	T/GXAS 156—2021	富硒香葱生产技术规程	广西标准化协会	
青海				
1	T/QAS 011—2020	青海省农产品硒含量分类标准	青海省标准化协会	
2	T/CQA 001—2020	柴达木富硒有机枸杞生产技术规范	海西州柴达木枸杞产业协会	
3	T/CQA 002—2020	柴达木富硒有机枸杞评价技术规范		
四川				
1	T/5115YBAPS 023.4—2020	富硒竹笋	宜宾市标准化促进会	
2	T/5115YBAPS 023.5—2020	富硒食用菌	宜宾市标准化促进会	
重庆				
1	T/CQAGS 3202—2019	重庆好粮油富硒大米	重庆市粮油行业协会	
福建				
1	T/SNXX 001—2020	寿宁生态硒锌白茶	寿宁县生态硒锌产业协会	
2	T/SNXX 002—2020	寿宁生态硒锌绿茶		
3	T/SNXX 003—2020	寿宁生态硒锌红茶		
4	T/SNXX 004—2020	寿宁生态硒锌乌龙茶		
5	T/SNXX 005—2020	寿宁生态硒锌大米		
安徽				
1	T/STXX 0001—2019	石台硒茶绿茶	石台县硒产业协会	

序号	标准编号	标准名称	团体名称	备注
2	T/STXX 0002—2019	石台硒米	石台县硒产业协会	
3	T/STXX 0003—2020	石台硒茶红茶		
4	T/CHYY 001—2020	富有机硒营养农产品	巢湖市营养学会	
5	T/CHYY 002—2020	富有机硒烘焙营养食品		
6	T/CHYY 003—2020	富有机硒胚芽营养食品		
7	T/CHYY 004—2021	富有机硒营养食品硒含量要求		
8	T/CHYY 005—2021	富有机硒浓缩制品的添加和使用规范		
9	T/CHYY 006—2021	富有机硒微量元素肥质量要求		
江西				
1	T/YDAGS 001—2021	于都好粮油硒大米	于都县粮油行业协会	
2	T/CAB CASA 0001—2018	富硒农产品术语	中国产学研合作促进会	
3	T/CAB CASA 0003—2018	富硒小麦粉生产技术规范		
4	T/CAB CASA 0004—2018	富硒花生蛋白粉技术规范		
5	T/CABCASA 0005—2018	富硒麦仁生产技术规范		
6	T/CAB CASA 0006—2018	富硒挂面生产技术规范		
7	T/CAB CASA 0007—2018	富硒金银花技术规范		
8	T/CAB CASA 0008—2018	富硒挂面		
9	T/CAB CASA 0009—2018	富硒黑花生		
10	T/CAB CASA 0010—2018	富硒花生蛋白粉		
11	T/CAB CASA 0011—2018	富硒金银花		
12	T/CAB CASA 0012—2018	富硒麦仁		
13	T/CAB CASA 0013—2018	富硒小麦粉		
14	T/CHC 1001—2019	植物源高有机硒食品原料	中国保健协会	

附录 7　宜春市富硒产品遵循标准

宜春市富硒产品遵循标准如附表 7-1 所示。

附表 7-1　宜春市富硒产品遵循标准

	品类	硒含量 / (mg/kg)	宜春市富硒产品遵循标准	品类	硒含量 / (mg/kg)
江西省地方标准《富硒食品硒含量标准》(DB 36/T566—2017)	稻米及制品	0.07~0.30	中华全国供销合作总社行业标准《富硒农产品》(GH/T1135—2017)	谷物类	0.10~0.50
	豆类及制品	0.07~0.30		豆类	0.10~1.00
	花生及制品	0.07~0.30		薯类	0.10~1.00
	笋类及制品	0.04~1.00		蔬菜类	0.10~1.00
	蔬菜（包括薯类）及制品	0.01~0.10		食用菌类	0.10~5.00
	水果	0.01~0.05		肉类	0.15~0.50
	畜禽肉	0.20~0.50		蛋类	0.15~0.50
	水产制品	0.05~1.00		茶叶	0.25~4.00
	蛋类及制品	0.20~0.50			
	茶叶	0.50~3.00			
	矿泉水	0.01~0.05			
国家标准:《富硒稻谷》(GB/T 22499—2008)				大米	0.04~0.30
《食品安全国家标准预包装食品营养标签通则》(GB 28050—2011)				固体预包装食品	≥ 0.15
				液体预包装食品	≥ 0.075
中华人民共和国供销合作行业标准（GH/T1090—2014）				富硒茶叶	0.20~4.00
中华人民共和国农业行业标准（NY/T3115—2017）				富硒大蒜	0.03~0.30
中华人民共和国农业行业标准（NY/T3116—2017）				富硒马铃薯	0.015~0.15

参考文献

［1］ ALBERT M, DEMESMAY C, ROCCA J L. Analysis of organic and non-organic arsenious or selenious compounds by capillary electrophoresis［J］. Fresenius J Anal Chem, 1995, 357: 426-432.

［2］ ALLANDER E. An analysis of research and public health activities based on a bibliography 1849-1992［J］. Scand J Rheumatol Suppl, 1994, 99（99）: 1-36.

［3］ BI C L, WANG H, WANG Y J, et al. Selenium inhibits staphylococcus aureus-induced inflammation by suppressing the activation of the NF-κB and MAPK signalling pathways in RAW264.7 macrophages［J］. European Journal of Pharmacology, 2016, 780: 159-165.

［4］ BJøRKLUND G, AASETH J, AJSUVAKOVA O P, et al. Molecular interaction between mercury and selenium in neurotoxicity［J］. Coordination chemistry reviews, 2017, 332: 30-37.

［5］ CAO Z H, WANG X C, YAO D H, et al. Selenium geochemistry of paddy soils in Yangtze River delta［J］. Environment international, 2001, 26（5）: 335-339.

［6］ EMMIE D, FRANK V, RITA C. Selenium speciation from food source to metabolites: a critical review［J］. Analytical and bioanalytical chemistry, 2006, 385（7）: 1304-1323.

［7］ FANG Y, XU Z, SHI Y, et al. Protection mechanism of se-containing protein hydrolysates from Se-enriched rice on Pb^{2+}-induced apoptosis in PC12 and RAW264.7 cells［J］. Food chemistry, 2017, 219: 391-398.

［8］ GERGELY V, KUBACHKA K M, MOUNICOU S, et al. Selenium speciation in Agaricus bisporus and Lentinula edodes mushroom proteins using multi-dimensional chromatography coupled to inductively coupled plasma mass spectrometry〔J〕. Journal of chromatography A, 2006, 1101 (1-2): 94-102.

[9] MAO G H, REN Y, LI Q, et al. Anti-tumor and immunomodulatory activity of selenium (Se)-polysaccharide from Se-enriched Grifola frondosa〔J〕. International journal of biological macromolecules, 2016, 82: 607-613.

[10] GóMEZ-ARIZA J L, POZAS J A, GIRáLDEZ I, et al. Speciation of volatile forms of selenium and inorganic selenium in sediments by gas chromatography-mass spectrometry〔J〕. Journal of chromatography A, 1998, 823 (1-2): 259-277.

[11] HAUG A, GRAHAM R D, CHRISTOPHERSEN O A, et al. How to use the world's scarce selenium resources efficiently to increase the selenium concentration in food〔J〕. Microbial ecology in health and disease, 2007, 19 (4): 209-228.

[12] KHANAM A, PLATEL K. Bioaccessibility of selenium, selenomethionine and selenocysteine from foods and influence of heat processing on the same〔J〕. Food chemistry, 2016, 194: 1293-1299.

[13] KULP T R, PRATT L M. Speciation and weathering of selenium in upper cretaceous chalk and shale from South Dakota and Wyoming, USA〔J〕. Geochimica et cosmochimica acta, 2004, 68 (18): 3687-3701.

[14] LARSEN E H, HANSEN M, FAN T, et al. Speciation of selenoamino acids, selenonium ions and inorganic selenium by ion exchange HPLC with mass spectrometric detection and its application to yeast and algae〔J〕. Journal of analytical atomic spectrometry, 2001, 16 (12): 1403-1408.

[15] LENZ M, LENS P N L.The essential toxin: the changing perception of selenium in environmental sciences〔J〕. Science of the total environment, 2009, 407 (12): 3620-3633.

[16] MAASLAND D H E, SCHOUTEN L J, KREMER B, et al. Toenail

selenium status and risk of subtypes of head-neck cancer: The Netherlands Cohort Study [J]. European journal of cancer, 2016, 60: 83-92.

[17] MAHAN D C, AZAIN M, CRENSHAW T D, et al. Supplementation of organic and inorganic selenium to diets using grains grown in various regions of the United States with differing natural Se concentrations and fed to grower-finisher swine [J]. Journal of animal science, 2014, 92 (11): 4991-4997.

[18] MAO G, LI Q, DENG C, et al. The synergism and attenuation effect of Selenium (Se)-enriched Grifola frondosa (Se)-polysaccharide on 5-Fluorouracil (5-Fu) in Heps-bearing mice [J]. International journal of biological macromolecules, 2018, 107: 2211-2216.

[19] NAVARRO-ALARCON M, CABRERA-VIQUE C. Selenium in food and the human body: a review [J]. Science of the total environment, 2008, 400 (1-3): 115-141.

[20] RAYMAN M P, COMBS G F, WATERS D J. Selenium and vitamin E supplementation for cancer prevention [J]. Jama, 2009, 301 (18): 1876-1877.

[21] SUN B, MACKA M, HADDAD P R. Speciation of arsenic and selenium by capillary electrophoresis [J]. Journal of chromatography A, 2004, 1039 (1-2): 201-208.

[22] VALE G, PEREIRA S, MOTA A, et al. Enzymatic probe sonication as a tool for solid-liquid extraction for total selenium determination by electrothermal-atomic absorption spectrometry [J]. Talanta, 2007, 74 (2): 198-205.

[23] WANG J, LI Q, BAO A, et al. Synthesis of selenium-containing Artemisia sphaerocephala polysaccharides: solution conformation and anti-tumor activities in vitro [J]. Carbohydrate polymers, 2016, 152: 70-78.

[24] WANG L, LI C, HUANG Q, et al. Biofunctionalization of selenium nanoparticles with a polysaccharide from Rosa roxburghii fruit and their

protective effect against H_2O_2-induced apoptosis in INS-1 cells [J]. Food & function, 2019, 10 (2): 539-553.

[25] WEN-DONG X, RONG-SHU Z, DA-NIAN Y, et al. Distributions and environmental impacts of selenium in wastes of coal from a power plant [J]. Environmental science, 2005, 26 (2): 64-68.

[26] WHANGER D P. Selenocompounds in plants and animals and their biological significance[J]. Journal of the American college of nutrition, 2002, 21(3): 223-232.

[27] WILLIAMS P N, LOMBI E, SUN G X, et al. Selenium characterization in the global rice supply chain [J]. Environ Sci Technol, 2009, 43 (15): 6024-6030.

[28] YE S, ZHANG J, LIU Z, et al. Biosynthesis of selenium rich exopolysaccharide (Se-EPS) by Pseudomonas PT-8 and characterization of its antioxidant activities [J]. Carbohydr polym, 2016, 142: 230-239.

[29] YUAN L, ZHU Y, LIN Z Q, et al. A novel selenocystine-accumulating plant in selenium-mine drainage area in Enshi, China [J]. PLoS ONE, 2013, 8 (6): e65615.

[30] ZHOU F, DINH Q T, YANG W, et al. Assessment of speciation and in vitro bioaccessibility of selenium in Se-enriched pleurotusostreatus and potential health risks[J]. Ecotoxicology and environmental safety, 2019, 185: 109675.

[31] 陈欢, 罗昭标, 冯小艳, 等. 油茶籽油脂肪酸含量、分析检测方法及其分子生物学研究进展 [J]. 食品工业科技, 2019, 40 (10): 345-349, 354.

[32] 程水源. 硒学导论 [M]. 北京: 中国农业出版社, 2019: 7.

[33] 程水源. 中国富硒功能农业产业发展报告（2018）[M]. 北京: 中国农业科学技术出版社, 2019: 9.

[34] 程水源. 硒之科普: 标准用语与权威发布 [M]. 北京: 中国农业出

版社，2019：8.

［35］辜胜阻，吴华君，吴沁沁，等．创新驱动与核心技术突破是高质量发展的基石［J］．中国软科学，2018（10）：9-18.

［36］何宁，王霏，易敏，等．新农科建设背景下富硒功能农业本科人才培养路径探索［J］．宜春学院学报，2021，43（6）：119-122.

［37］科技部　农业农村部　教育部　财政部　人力资源社会保障部　银保监会　供销总社印发《关于加强农业科技社会化服务体系建设的若干意见》的通知［J］．中华人民共和国国务院公报，2020（27）：64-68.

［38］李国英．新发展格局下数字经济赋能县域农业高质量发展［J］．现代化农业，2022（6）：70-73.

［39］刘慧婷．宜春温汤富硒温泉水资源与环境保护研究［J］．能源与环境，2016（5）：48，50.

［40］刘翘，刘永莉．硒元素的作用与富硒农产品开发［J］．农业与技术，2018，38（9）：29-30.

［41］齐美煜．加强农业科技社会化服务体系建设［N］．江西日报，2021-01-10（002）.

［42］秦冲，施畅，万秋月，等．HPLC-ICP-MS法测定富硒小麦中硒的形态［J］．食品研究与开发，2019，40（2）：140-144.

［43］施和平，张英聚，刘振声．番茄对硒的吸收、分布和转化［J］．植物学报，1993，35（7）：541-546.

［44］史祥宾，刘凤之，王孝娣，等．富硒黄豆和绿豆芽苗菜生产工艺［J］．食品科技，2017，42（2）：72-77.

［45］宋亚蕊，刘芳，刘洁，等．富硒茶油的研究进展［J］．食品工业科技，2013，34（9）：396-399.

［46］孙平平．富硒酵母的选育、发酵条件优化及其应用研究［D］．芜湖：安徽工程大学，2011.

［47］谭见安，郑达贤，侯少范，等．克山病与自然环境和硒营养背景［J］．营养学报，1982，3：175-182.

［48］王丙涛，林燕奎，颜治，等. HPLC-ICP-MS 同时检测 As 和 Se 形态的方法研究［J］. 湘潭大学自然科学学报，2010，32（2）：88-92.

［49］王婷婷. 富硒葡萄特性及其生物活性研究［D］. 沈阳：辽宁大学，2019.

［50］王欣，幸苑娜，陈泽勇，等. 高效液相色谱 - 电感耦合等离子体质谱法检测富硒食品中 6 种硒形态［J］. 分析化学，2013，41（11）：1669-1674.

［51］王兴国，曲海燕. 科技创新推动农业高质量发展的思路与建议［J］. 学习与探索，2020（11）：120-127.

［52］王泽邦. 毛细管电泳：电感耦合等离子体质谱在形态分析上的应用［D］. 天津：天津大学，2018.

［53］吴钰滢. 葡萄富硒特性及形态分析［D］. 沈阳：沈阳师范大学，2019.

［54］肖志明，宋荣，贾铮，等. 液相色谱 - 氢化物发生原子荧光光谱法测定富硒酵母中硒的形态［J］. 分析化学，2014，42（9）：88-92.

［55］邢美华，余锦平. 湖北省富硒产业集群化发展面临的主要问题与对策［J］. 湖北农业科学，2019，58（23）：227-230.

［56］熊期亮，刘瑛. 你不知道的"硒"的那些事儿［J］. 江西农业，2018，138（11）：61-62.

［57］熊永革，黄胜堂. 高灵敏度吸光光度法测定生物样品中微量硒［J］. 微量元素与健康研究，2002（2）：62-63.

［58］许锋，程水源. 硒生理生化：植物篇［M］. 北京：中国农业出版社，2021：7.

［59］杨苛，余江敏，钟莉传，等. 广西富硒花生生产及品种筛选研究进展［J］. 现代农业科技，2020（21）：4-8.

［60］杨阳. 构建"100+N"体系推进农业科技创新融合发展［J］. 中国农村科技，2021（5）：2-7.

［61］杨军，葛孚桥. 论县域新型农村科技服务体系的构建［J］. 农业经

济，2011（4）：84-86.

［62］姚小华，王开良，任华东，等. 油茶资源与科学利用研究［M］. 北京：科学出版社，2012：156-160.

［63］叶丽. ICP-AES/MS 及其联机技术测定鸡蛋中的微量元素及形态［D］. 杭州：浙江工业大学，2007.

［64］叶林，包晓丽，张虹. 紫外分光光度法测定海产品中的硒［J］. 安徽农业科学，2008（15）：6151-6153.

［65］尹雪斌，刘晓航，赵其国，等. 我国硒资源变硒产业的重点、难点和发展实践［J］. 科技促进发展，2021，17（10）：1816-1823.

［66］尹雪斌，赵其国，印遇龙，等. 功能农业关键科学问题研究进展与"十四五"发展建议［J］. 科学通报，2022，67（6）：497-510.

［67］张春林，王东，王岩，等. HPLC-ICPMS 联用法测定富硒酵母粉中砷和硒的形态分析［J］. 食品科技，2019，44（6）：326-331.

［68］张明亮，孙茜，高山. 硒蛋白与人体疾病关系的研究进展［C］// 湖南中医药大学学报 2016/ 专集：国际数字医学会数字中医药分会成立大会暨首届数字中医药学术交流会论文集.［S.L.］：［s.n.］，2016.

［69］张青，王煌平，孔庆波，等. 天然富硒土壤上三种蔬菜对硒的吸收与转化差异［J］. 植物营养与肥料学报，2019，25（10）：1727-1736.

［70］张天翔，张欣荣，张何树，等. 硒对宁化牛角椒种子萌发及幼苗生长的影响［J］. 福建热作科技，2018，43（1）：17-20.

［71］张杨杨，焦自高，艾希珍，等. 土壤增施蛋氨酸硒对厚皮甜瓜生理特性和品质的影响［J］. 植物营养与肥料学报，2016，22（2）：476-485.

［72］张永钦，黄开勋. 含硒转移核糖核酸（Se-tRNA）的研究进展［J］. 大自然探索，1998，17（3）：66-69.

［73］张勇，曾庆标. 稀以为贵宜春硒［J］. 江西农业，2018（5）：22-23.

［74］张泽洲，朱元元，李梦，等. 生物样品中硒的形态分析方法研究进展［J］. 生物技术进展，2017，7（5）：409-414.

［75］赵骏，钟蓉，王洪章，等. 桑叶多糖提取工艺优选［J］. 中草药，

2000（5）：29-30.

［76］赵其国，尹雪斌. 功能农业［M］. 北京：科学出版社，2016.

［77］赵秀锋，张强，程滨，等. 硒对砷胁迫下小白菜生理特性及砷吸收的影响［J］. 环境科学学报，2017，37（9）：3583-3589.

［78］赵艳红，侯文焕，唐兴富，等. 菜用黄麻对硒的累积规律［J］. 北方园艺，2018（9）：73-76.

［79］赵宇. ICP-AES 法测定苔藓植物中微量元素［J］. 江汉大学学报（自然科学版），2007，4：44-45.

［80］钟洪禄. 花生的富硒特性及硒形态分析的研究［D］. 沈阳：辽宁大学，2019.

［81］钟永生，万承波，林黛琴. 富硒鸡蛋中微量元素硒的形态分析［J］. 江西化工，2019，4：30-32.

［82］朱金霞，周文生，郭生虎. 植物中微量元素硒的研究进展［J］. 安徽农业科学，2009，37（13）：5844-5845.

［83］庄宇. LC-AFS 联用测定形态硒流动相的选择［J］. 中国医疗器械信息，2017，23（21）：26-27.

［84］左银虎. 环境与植物中硒形态研究进展［J］. 植物学通报，1999，16（4）：378-380.

致　谢

　　本书的顺利出版获得 2022 年江西省现代农业专项项目"宜春富硒土壤开发利用与产业发展路径研究"、江西省高校人文社会科学研究项目"乡村振兴战略背景下地方应用型高校富硒农业本科人才培养路径研究"及宜春学院学者文库的支持。同时，感谢宜春市农业农村局、宜春学院科研处、宜春学院生命科学与资源环境学院、江西省高等学校硒农业工程技术研究中心，以及宜春市功能农业与生态环境重点实验室的领导和同事们的关心与帮助。此外，本书也引用借鉴了诸多学者发表的相关专著、论文等，这些为本书的出版提供了重要支持，笔者在此表示衷心感谢！